Der Hund bleibt hier. Punkt.

Manfred Suttinger

Der Hund bleibt hier. Punkt.

Wie sich ein Haustier in mein Leben schlich

Impressum

Bibliografische Informationen der Deutschen Nationalbibliothek
Die Deutsche Nationalbibliothek verzeichnet diese Publikation in der Deutschen Nationalbibliografie; detaillierte bibliografische Daten sind im Internet über http://dnb.d-nb.de abrufbar.

ISBN: 978-3-95693-065-2

Korrektorat: Dr. Malte Heidemann – www.berlinlektorat.com

Grafisches Gesamtkonzept, Titelgestaltung, Satz und Layout: Stefan Berndt

Freundschaft: www.facebook.com/fredundotto

Inhalt

1

Warum ich eigentlich keine Hunde mag

Natürlich: Die Idee mit dem Hund kam von meiner Frau. Wenn ein großelterlicher Hof, in dem man die Hälfte seiner Kindheit verbringt, voller Hühner, Enten, Katzen und Karnickel steckt, ist meistens auch ein Hund nicht weit. In diesem Fall hieß der Hund Baumann. Der kranke Nachbar, ein gewisser Horst Baumann, hatte ihn der Familie anvertraut, als er selbst im Sterben lag. Baumann, also der Hund, lebte noch viele Jahre mit seinen neuen Besitzern, und meine Frau und ihre Geschwister hatten nur gute Erinnerungen an das Tier. Baumann konnte lachen, sagten sie und waren von dieser Überzeugung nicht abzubringen. Besonders intensiv war die Verbindung zwischen Baumann und meiner Frau. Sie hatte ihn erfolgreich darin trainiert, ein Dutzend Spielzeuge namentlich zuzuordnen und auf Anweisung zu ihr zu bringen. So kannte ich auch bald alle Geschichten über das kluge Tier, das, je nach Auftrag, einen kleinen oder einen großen Ball hatte unterscheiden und heranschaffen können, eine Stoffente oder einen Plastikfrosch, einen dicken Knoten aus Schiffstau, eine Kugel mit Wurfleine und einiges mehr. Wie gesagt: Ich weiß das alles nur aus Erzählungen, überprüfen konnte ich es nicht. So weit, so gut. Später, als auch Baumanns Hund tot und meine Frau in die Stadt umgezogen war, bevorzugte sie weiterhin ein Dasein mit Getier. Als wir uns kennenlernten, lebte sie noch mit Pittelchen in einer Wohnung, einer schon in die Jahre gekommenen Pudelin, die täglich gebürstet und alle acht Wochen zum Hundefriseur gebracht werden musste. Die Locken ihres Fells hatten die Neigung, so sehr zu verfilzen, dass nach längerer Pflegepause weder Bürste noch Kamm die geringste Chance hatten, das Dickicht zu durchdringen, und die Hundedame dann wüster aussah als ein Clochard im Winter. Zeitlich war ich zu einem günstigen Zeitpunkt ins Leben meiner zukünftigen Frau getreten. Ihre Tage mit Pittelchen waren gezählt, während die mit mir gerade erst anfingen. Als das Tier an einem Morgen plötzlich leblos in seinem Körbchen lag (ich versichere: Ich hatte mit seinem Tod wirklich nichts zu tun!), war die Trauer groß, und ich unternahm allerhand, um meine Frau vom Verlust des Pudels abzulenken. Erfreulicherweise wurde zunächst kein neuer Hund angeschafft – vielleicht auch aus Gründen der Rücksichtnahme mir gegenüber.

Leider glaubte meine Frau eines Tages, wieder an die alte Tradition anknüpfen zu müssen. Ganz plötzlich tauchte der Gedanke zwar nicht auf. Immer wieder hatte sie in den letzten Jahren mehr oder weniger laut darüber nachgedacht, ihr Leben („endlich wieder", sagte sie) mit einem Lebewesen zu teilen, das nach Hund roch und nach Hund aussah. Mehr oder weniger stillschweigend habe ich das jedes Mal überhört. An dem Tag aber, an dem unser jüngster Sohn Georg einen Umzugswagen vor der Tür parkte und mit zwei Freunden in kurzer Zeit seine Habseligkeiten auf die Ladefläche wuchtete, um sie schon Minuten später zum Campus einer Studentenwohnanlage zu bringen, brach die Idee mit dem Hund heftiger und bedrohlicher hervor, als ich es jemals zuvor erlebt habe und befürchtet hätte. Nachdem wir uns von unserem Jungen verabschiedet hatten (ich eher kurz und knapp, meine Frau deutlich länger und schluchzend) und nachdem die Tür ins Schloss gefallen war, umklammerte sie mich in einer Weise, die mir verriet, dass nun etwas sehr Ernstes folgen würde.

„Wir haben jetzt nur noch uns", sagte sie und sog mit einem Atemzug die letzte Träne in die Nase.

„Er ist ja nicht gestorben", meinte ich. Das war tröstend gemeint, ging aber schief.

„Darum geht es nicht!", sagte meine Frau. Und dann:

„Du musst mir etwas versprechen!"

Fragend hob ich die Augenbrauen. Was hatte sie vor? Ein weiteres Kind? In unserem Alter? Unmöglich! Aber dann:

„Ich brauche nun wirklich einen Hund!"

„Einen Hund ...", wiederholte ich etwas mechanisch und hatte dabei das Gefühl, dass ich jetzt jedes weitere Wort kritisch prüfen musste, bevor ich es aussprach.

Ich gebe zu: Ich halte Hunde für überflüssig. Ihre Halter sind für mich Verrückte, die ihre knapp bemessene und selbstbestimmte Freizeit freiwillig mit einem völlig rücksichtslosen Wildtier teilen. Es verwüstet den mühsam aufgebauten Lebensraum, und man kann es nur mit viel Mühe davon abhalten, sämtliche Liegeflächen im Haus für sich zu beanspruchen. Kein Teppich, kein Bettvorleger und kein Sessel mehr, der nicht schon bald befremdlich muffelt und ramponiert aussieht. Täglich sind übelriechende Futterportionen zuzubereiten, und die angebrochenen Dosen, nun ohne Deckel, landen im Kühlschrank neben den sensiblen Aromen französischer Weichkäse, frischer Früchte, Milch und Butter. Draußen muss man sämtliche Ausscheidungsvorgänge des Tieres begleiten, überwachen und anerkennen. Dann rennt man für den Rest des Weges mit einem Kotbeutel herum und traut sich nicht mehr, jemandem die Hand zu geben – falls das überhaupt noch einer möchte. Kaum wieder zuhause, tappt das Tier mit den Pfoten, mit denen es eben noch durch Pfützen und Schlämme gelatscht ist, über die bisher sorgsam gepflegten Bodenbeläge und schüttelt sich Staub und Ungeziefer aus dem Fell. Es reinigt seine Analregion mit der gleichen Zunge, mit der es später seine Schüsselchen ausputzt und die Hände der Besitzer abschleckt. Tag für Tag verliert es jede Menge Haare, liegt irgendwo im Weg herum oder rennt einem zwischen die Beine. Es löst Steuern und Versicherungsbeträge in nicht unerheblicher Höhe aus, ganz zu schweigen von den völlig unkalkulierbaren Tierarztkosten. Es regiert einem ungefragt in die Urlaubs- und Freizeitplanung hinein und verströmt einen Mundgeruch, als hätte es gerade noch mit faulen Eiern gegurgelt. Das Schlimmste jedoch: Immer wieder gibt das Hundetier plötzlich und ungefragt eine ganze Reihe kurzer, explosionsartiger Laute von sich. Je dichter am menschlichen Ohr, desto unerträglicher sind sie für unser feines Gehör. Es ist ein Lärm, der jegliche Unterhaltung unmöglich macht und vom Erzeuger absichtlich mit der größtmöglichen Lautstärke produziert wird.

Das sind alles nur Vorurteile? Ich denke nicht! Wir hatten Nachbarn, die es für unumgänglich hielten, einen mehrfarbigen Straßenhund vom Balkan bei sich aufzunehmen, struppig wie ein alter Reisigbesen und außerstande, selbst die einfachsten Kommandos zu erlernen. Sie nannten ihn nach dem Geburtsort der Schwiegermutter mütterlicherseits „Quedlinburg“ und gingen monatelang in eine Hundeschule. Vergeblich. Jeden Tag das gleiche Schauspiel: Auf der Straße geht jemand am Grundstück vorbei, das Tier schießt von seinem Beobachtungsposten neben der Eingangstür, einem ausrangierten Filzlappen, rast zum Zaun und beginnt schon auf dem Weg dorthin zu lärmen. Quedlinburg bellt nicht zwei- oder dreimal kurz und mahnend, wie es zum Beispiel für einen Wachhund völlig zielführend und ausreichend wäre. Er veranstaltet ein Luftnot hervorrufendes Dauergetöse, das auch noch anhält, wenn der arglose Passant längst nicht mehr zu sehen ist. Irgendwann geht oben ein Fenster auf und der Nachbar ruft: „Quedlinburg! Hör endlich auf zu bellen. Das hält ja niemand aus. Warum kannst du nicht einfach mal still sein? So geht das doch nicht! Das muss wirklich besser werden, Quedlinburg, verstehst du?"

Nein, der Hund versteht es natürlich nicht! Wenn das Fenster aufgeht, schaut er nur etwas verständnislos zum Rufenden hinauf, und kaum klappt die Luke wieder zu, geht sein Gebell weiter.

Ein anderer Nachbar reichte eine Beschwerde ein, und das Ordnungsamt hielt vor dem Haus. Als die uniformierten Mitarbeiter vor dem Türchen standen und läuteten, blieb der Hund wie durch ein Wunder nahezu regungslos auf seinem Filzlappen liegen. Er machte einfach nichts, er knurrte noch nicht einmal, und der Vorgang wurde als unbegründet eingestellt. Wahrscheinlich lernt man auf dem Balkan, dass Menschen in Uniform eine ernsthafte Gefahr darstellen und man in ihrer Anwesenheit besser die Schnauze hält.

Ich könnte noch einige andere Beispiele für ein misslungenes Miteinander von Mensch und Hund aufzählen. Dabei spielt es übrigens auch keine Rolle, ob der Quadrupede aus einem gepflegten Zuchtbetrieb mit Papieren und Ahnentafeln oder aus einer sich unkontrolliert vermehrenden Clique von Straßenkötern in einem südosteuropäischen Armenviertel stammt. Für mich ist das Wort „Rassehund“ ein ohnehin fragwürdiges Qualitätsmerkmal, weiß man doch, dass alle gängigen und hoch gehandelten Hunderassen ihrerseits nur durch kontinuierliche Kreuzungsversuche bereits vorhandener Rassen entstanden sind. Vor zweitausend Jahren hat man im chinesischen Kaiserreich doggenähnliche Hunde so lange mit anderen verpaart, bis die intensive Inzucht ein wirklich schrulliges Geschöpf hervorbrachte. Seine Augäpfel waren so groß, dass sie kaum noch Platz im kleinen Schädel fanden. Über der Nase wucherte eine breite Hautfalte, und die Kauwerkzeuge des Tieres waren so stark verkürzt, dass man eigentlich nicht mehr von einer Schnauze sprechen konnte und das Tier Probleme beim Atmen bekam. Dazu noch hatte es kurze, krumme Beine, und sein Schwanz sah aus wie eine eingedrehte Bratwurst. Die jahrzehntelangen Experimente hatten den ersten Mops hervorgebracht. Seither muss man für diese Kreatur viel Geld bezahlen, und die Züchter lachen sich bis heute ins Fäustchen.

Wirklich reinrassig ist eigentlich nur der Wolf, dessen Haltung aber aus guten Gründen verboten ist. Menschen, die große Stücke auf die vermeintliche Reinrassigkeit ihres Tieres halten, sind mir darum genauso suspekt wie die, die bei jeder Gelegenheit betonen, dass sie sich prinzipiell nur Mischlinge anschaffen – wenn möglich auch noch gerettet aus einem Tierheim oder besser noch: einer rumänischen Tötungsstation.

All das ging mir durch den Kopf, während ich noch im Klammergriff meiner Frau steckte. Auch war mir klar, dass es von ihrem anscheinend nicht mehr korrigierbaren Entschluss bis zur Anschaffung eines Tieres nur noch ein kleiner Schritt war. Wenn ich das verhindern wollte, blieb mir also nicht mehr viel Zeit. Doch was konnte ich unternehmen? Andererseits hatte ich bei der Eheschließung den mahnenden Worten des Standesbeamten von den „guten und schlechten Zeiten“ zugestimmt. Offenbar waren die schlechten in diesem Augenblick angebrochen. Ich schloss für einen Augenblick die Augen und atmete tief durch. Das war eine schwere Unachtsamkeit, denn meine Frau interpretierte diese innere Sammlung sogleich als Zustimmung und küsste mich überraschend.

„Ich wusste, dass du ganz tief in deinem Herzen nichts gegen Hunde hast!“

Ich sagte nun nichts mehr. Jedenfalls nichts mehr zu einem Hund.

So, nun kennen Sie meine Einstellung. Dass ich eines Tages doch noch mit Hunden zusammenlebte, mag darum unerklärlich erscheinen. Ist es vielleicht auch. Aber genau von diesem Widerspruch handelt das vorliegende Buch.

2

Über Menschen und Hunde

Als ich Kind war, hatten wir ein paar Jahre lang eine Katze. Sie war ein typischer Einzelgänger, der täglich für viele Stunden in den Gärten der Nachbarschaft verschwand, manchmal sogar mehrere Tage hintereinander. Unser Vater, Psychologe und ebenfalls Einzelgänger, hatte sich mit dieser Art Haustier anfreunden können, nachdem meine Schwester mehrfach einen Katzenwunsch geäußert und die Katze ihrer Freundin gerade vier Junge bekommen hatte. Das neue Haustier lebte wie unser Vater. In der Familie traten beide nur gelegentlich in Erscheinung, vornehmlich zum Fressen und Schlafen. Ansonsten konnten sich Mensch und Tier aus dem Weg gehen und die Zeit so gestalten, wie es ihnen passte. Im Fall meines Vaters waren es viele, viele Stunden im Büro und am heimischen Schreibtisch, im Falle der Katze tägliche Erkundungstouren und Jagdgänge im Wohnviertel, zum gelegentlichen Nachteil einiger Singvögel. Hunde gefielen unserem Vater vor allem deshalb nicht, weil man sich ständig um sie kümmern musste und sie sich an den Menschen anzupassen pflegten. Sich um andere zu kümmern, war nicht seine Sache, und Anpassungen jeder Art hielt er für ein Zeichen von Schwäche, sowohl beim Menschen als auch beim Haustier. Über die Halter von Hunden hatte er eine unverrückbare Meinung.

„So ein Hundebesitzer ist nur zufrieden, wenn er jemanden unter sich hat, den er herumkommandieren kann“, sagte Vater manchmal, und wenn man ihm den Hund plötzlich wegnähme, stünde er da wie ein begossener Pudel.

Vielleicht habe ich die Sichtweise meines Vaters leichtfertig übernommen, ohne sie jemals zu prüfen oder meine Einstellung Hunden gegenüber neu zu bewerten. Bisher war das auch nicht nötig. Nun sah die Sache aber anders aus. Allerdings stelle ich immer wieder fest, dass die Vorurteile meines Vaters zumindest in Einzelfällen gar nicht so abwegig waren. Nach meinen Beobachtungen und Erfahrungen gibt es in vielen Fällen ziemlich schlüssige Erklärungen dafür, warum sich bestimmte Menschen einer bestimmten Art von Hund zuwenden.

Echte Kerle und Frauenhelden bevorzugen zum Beispiel Rüden. Die dürfen, anders als ihre Besitzer, alles zur Schau stellen, was der maskuline Körper zu bieten hat. Es bimmelt und baumelt am Hund herum, und er kann sich völlig ungeniert und straffrei über jede Hündin hermachen, die ihm über den Weg läuft. In ihrem Dasein müssen Rüden kein „Me too“ fürchten und sich nicht mit den Konsequenzen ihrer Triebhaftigkeit auseinandersetzen. Das Begehren hat Priorität, und wer es nicht schon längst weiß, sollte es spätestens beim ersten Kopulationsversuch des Rüden begreifen: Herr und Hund sind sich in puncto Sexualität völlig einig, nur dass der Herr ständig gezwungen wird, sein Begehren zu unterdrücken und seine Bedürfnisse einer modernen, nahezu männerfeindlichen Gesellschaft unterzuordnen.

Menschen, die viel allein sind, denen die Partner abhandenkamen oder die nie einen Lebensgefährten haben wollten, suchen mitunter im Hund einen Gesellschafter. Der

Klassiker sind ältere Witwen, die mit ihrem Dackel sprechen und ihn auch mit in ihr Bett nehmen. So können sie sich täglich darüber freuen, dass noch jemand da ist, zu dem sie „Schlaf schön“ und „Guten Morgen“ sagen können. Auch ein bescheidener Körperkontakt ist möglich, vielleicht wärmt ihnen das Tier die Füße, und im Extremfall tritt es am Ende sogar noch die Erbschaft an.

Ähnlich ist es bei Menschen ohne Obdach. Sie tun sich gern mit Hunden zusammen, die wie sie vom Leben gezeichnet sind. Dann entsteht eine Notgemeinschaft, an deren Ende es zwar nichts zu vererben gibt, in der aber ein Minimum an Fürsorge und Zuwendung aufrechterhalten werden kann. Auch halte ich es für möglich, dass bettelnde Menschen mit Hund am Ende des Tages mehr Geld eingesammelt haben als ihre Kollegen ohne Hund.

Manch ein Hundehalter definiert sich über die Art oder Größe seines Tieres. So gibt es den Typ „Look at me!“. Alle seine Besitztümer von der Grillstation im Garten bis zum Cabriolet vor der Tür müssen besonders groß, imposant, wertvoll, Neid erregend oder schlichtweg extraordinär sein, und alle sollen es sehen. Es sind Halter, die mit einem kalbsgroßen Haustier unterwegs sind und schwer gekränkt wirken, wenn jemand im Viertel auf die Idee gekommen ist, sich ein noch größeres Tier anzuschaffen. Ihr vierbeiniger Statusträger hat wahrscheinlich einen Namen wie „Zeus“, „Khan“ oder „Thor“ und eher selten „Lumpi“, „Willy“ oder „Puschel“. Der extravagante Hund braucht einen häuslichen Liegeplatz im Doppelbettformat, sein Transport macht die Nutzung eines mindestens 400 PS starken SUVs erforderlich, er verschlingt täglich zwei Kilo Frischfleisch und produziert den intestinalen Output eines ausgewachsenen Mastbullen.

Ein anderer Typ Hundebesitzer signalisiert mit dem Tier sein ethisch-moralisches Selbstbild. Man könnte ihn den Typ „Mutter Teresa" nennen. Er bevorzugt die Gesellschaft eines auffallend kleinen, vielleicht sogar Mitleid erregenden Begleiters. So läuft er mit diesem Hauch von Hund durchs Leben und stellt sich als uneingeschränkt einsatzbereiter Bodyguard dar, der das Tier zeitlebens vor allen Gefahren und Bösartigkeiten der Welt schützt. Ähnlich engagierte Menschen findet man wahrscheinlich auch unter den Besitzern besonders hässlicher, sterbenskranker oder knapp dem Tode entrissener Exemplare.

Zu den Haltern gefährlich aussehender und immer wieder auch aggressiver Hunde ist nicht viel zu sagen. Diesen Typ könnte man „The Terminator" nennen, und seine Botschaft ist klar, kurz und unmissverständlich: „Schnauze, Alter!", ganz unabhängig davon, ob man tatsächlich gerade etwas zu ihm gesagt oder ihn vielleicht nur etwas schräg angeschaut hat. Oft sind es etwas klein geratene Männer mit Tätowierungen und fußballdicken Oberarmmuskeln. Testosteronpillen haben sie zu Kampfmaschinen gemacht, mit der Folge, dass sie ebenso leicht aus der Fassung geraten wie ihre zu Kadavergehorsam genötigten Tiere. Ein falsches Wort, eine missverständliche Geste, und beide gehen gemeinsam auf dich los: Der eine jagt seine messerscharfen Reißzähne in deine Wade und zieht daran, der andere zertrümmert mit einem Schlagring deine Nase.

Ein weiteres Hund-Mensch-Gespann ist der Typ „Woody Allen". Der Hund an seiner Seite transportiert, ob absichtlich oder als Folge mangelnden Vorstellungsvermögens ist nicht immer ganz klar, einen absurden Gesamteindruck. Tier und Besitzer passen einfach nicht zusammen. Einmal sahen wir einen besonders korpulenten Spaziergänger mit massigen Speckrollen, die aus jeder Kleidungsöffnung herausquollen, so dass sich der Vergleich mit einer Hüpfburg aufdrängte. Bei jedem Schritt des schwer adipösen Mannes kam es zu einer sichtbaren Erschütterung der gesamten Körpermasse. Nur durch zwei Hundeleinen in seiner Hand erkannte man, dass er nicht allein unterwegs war. Seine Begleiter waren zwei magere Windhunde, bei denen sich jeder einzelne Knochen unter der Haut abzeichnete. Diese Tiere fegten durch die Botanik wie adrenalintrunkene Rehe und ignorierten die Signale, die ihr kaum vorwärtskommendes und doch schwer schnaufendes Herrchen mit einer Trillerpfeife produzierte.

Ich erinnere mich auch an einen Glatzkopf mit einem Hund, bei dem man vor lauter Fell nicht sagen konnte, wo vorn und wo hinten war, und nur die Laufrichtung des Tieres gab einen diesbezüglichen Hinweis. Vielleicht gehörte auch Loriot mit seinen Möpsen in diese Kategorie oder Queen Elisabeth mit ihren wenig imposanten Corgis, bei denen man geneigt sein kann, sie als ästhetische Trauerfälle einzustufen.

Dann gibt es noch Leute, die es sich anscheinend zur Aufgabe gemacht haben, bei jedem Spaziergang als menschlicher Bremsklotz ihrer Hunde zu wirken. Man erkennt sie an einem nach hinten ausgerichteten Oberkörper, leicht gebeugten Beinen und angespannt angewinkelten Armen. Ähnlich wie ein Windsurfer bei acht Beaufort müssen sie hochkonzentriert bleiben, um die Kontrolle über die auf sie einwirkenden Zugkräfte zu behalten. Vielleicht waren sie nicht in der Lage, sich das Endgewicht ihres ursprünglich kleinen Welpen vorzustellen, oder sie haben eine Persönlichkeit mit masochistischen Anteilen. Massive Rücken- und Schulterprobleme, Tennisellenbogen und sogar Knochenbrüche sind oft die Folgen ihres täglichen Kräfteringens in Wald und Flur.

Natürlich gibt es auch ganz normale, unauffällige Menschen, die einfach nur einen Hund bei sich haben und sich keiner eindeutigen Kategorie zuordnen lassen. Vielleicht bilden sie sogar die größte Gruppe. Es sind Leute, die den Hund an ihrer Seite als eine Bereicherung in ihrem Leben ansehen und sich über seinen Charakter und seine Eigenschaften freuen. Menschen, die durch den sichtbaren Hund täglich ihren unsichtbaren Schweinehund besiegen, der ihnen stets von überflüssigen Spaziergängen abrät. Menschen, die mit der Zeit immer mehr Hundebesitzer kennenlernen und durch die Tiere, ähnlich wie durch Kinder, neue Freunde oder zumindest gute Bekannte finden. Die sich irgendwann nicht mehr vorstellen können, dass sie in ihrem früheren, hundefreien Leben nicht so viel gelacht, gespielt und Gesprächsstoff gehabt haben könnten wie nach der Anschaffung des Tieres. Vielleicht werde auch ich mal zu diesen Menschen gehören. Im besten Fall.

3

Der Hund rückt näher

Ob Laubbläser, Laptop, Dinkelmehl oder Ethikfonds: Als aufgeklärte Konsumenten sind wir es gewohnt, jeder Anschaffung einen umfangreichen Prüf- und Vergleichsprozess voranzustellen. Was nicht wenigstens von der Stiftung Warentest für gut oder sehr gut befunden, was nicht von ADAC oder Check24 empfohlen oder in Onlineforen engagierter Unbekannter gutgeheißen wurde oder zumindest ein einmaliges Schnäppchen zu sein scheint, kommt nicht ins Haus. Soll aber ein Hund aufgenommen werden, versagt die gewissenhafte Vorprüfung nur allzu oft.

Zur Freude und Bereicherung des zukünftigen Zusammenlebens wäre es dabei ausgesprochen hilfreich, sich vor der Anschaffung des Hundes erst einmal Gedanken darüber zu machen, welche Tiere zu einem selber und zu den Lebensumständen passen. Sind etwa kleine Kinder im Haus oder Enkel, ist es wenig ratsam, sich für einen Hund mit geringer Impulskontrolle zu entscheiden oder für ein Tier, das sich nicht gerne am Schwanz ziehen lässt. Gehören ein tägliches Lauftraining, Fahrradausflüge und ausgedehnte Waldspaziergänge zum Tagesablauf des Besitzers, wäre es unklug, es mit einem Hund zu versuchen, der nach zehn Minuten genug davon hat und völlig erschöpft in sich zusammensackt. Plant man, das Tier oft im Auto mitzunehmen, sollte es weder einen empfindlichen Magen noch ein sensibles Gleichgewichtsorgan haben. Und wer zu Allergien neigt, verzichtet im eigenen Interesse auf einen Hund, der einem mit seiner voluminösen Fellpracht von jedem Spaziergang Staub, Parasiten und Pollen ins Haus schleppt und dort verteilt. Vegetarier sollten sich kritisch fragen, ob sie es wirklich aushalten, täglich mit Dosenfleisch und getrockneten Schweineohren zu hantieren. Und wer neben streitsüchtigen Nachbarn wohnt, sollte im eigenen Interesse erst einmal darüber nachdenken, ob ein Hund nicht womöglich zu weiteren Problemen führen könnte.

Problematisch kann es auch werden, wenn das neue Familienmitglied aus einem reinen Bauchgefühl heraus angeschafft wird, zum Beispiel weil es als Welpe so niedlich aussieht, weil es unter dem Tannenbaum liegen soll oder weil sein Preis günstig ist. Das ursprünglich gute Bauchgefühl geht meist schnell vorüber und verwandelt sich bei solchen Spontankäufen schnell in ein ausgesprochen schlechtes Bauchgefühl. Dann landet der Hund wahrscheinlich schon bald in einem Tierheim, wird weitergegeben wie ein gebrauchtes Fahrrad oder auf dem Weg zum Urlaubsort einfach auf einem Autobahnrastplatz ausgesetzt. Die falschen Erwartungen werden später gerne dem Tier angelastet. Das ist ungerecht. Genauso gut könnte man Goldfische in seinen Gartenteich setzen und sich dann darüber beklagen, dass sie zur Fütterung nicht aus dem Wasser kommen.

Um solche Pannen zu vermeiden, hatte meine Frau eine Hundeenzyklopädie angeschafft, in der alle gängigen Rassen abgebildet und ausführlich beschrieben waren. Eigentlich wollte sie wieder einen Pudel haben. So einen wie Pittelchen. Andererseits war es nur vernünftig und fair, mich in die Entscheidung mit einzubinden. Auch würde ich mich bei späteren Problemen nicht herausreden können. Wir lasen abwechselnd in dem Buch und klebten farbige Punkte auf Tiere, die wir uns als Mitbewohner vorstellen konnten. Meine Frau klebte eine ganze Menge roter Punkte, die wenigen grünen Markierungen kamen von mir. Wofür sollte ich mich auch entscheiden? Das ganze Getier war mir fremd, und keines löste eine besondere Regung in mir aus. So gab es schließlich auch keinen Hund, der beide Farben abbekommen hatte. Auch schienen mir trotz der Beschreibungen im Buch immer noch viel zu viele Fragen offenzubleiben.

Wir wechselten die Strategie und gingen auf eine Messe für Haustiere. Bootsmessen, Technikmessen und Touristikmessen kannte ich schon. Dass es auch Messen für Meerschweinchen, Hamster und Hausratten gibt, war mir neu. Während sich Katzen, Vögel, Frettchen und Fische eine der beiden Ausstellungshallen teilen mussten, residierten auf der gleich großen zweiten Fläche die Hunde. Das völlig unübersichtliche Sammelsurium an Quadrupeden kam mir vor wie ein etwas lieblos aus dem Boden gestampfter Kleintierzoo in der Provinz, dessen Betreiber noch nie etwas von artgerechter Haltung gehört zu haben schienen. Zu kleine Gehege, zu viele Tiere auf wenig Raum und kein erkennbares Ausstellungsgesamtkonzept. Dort wurden Rassen präsentiert, die ich niemals zuvor an einem anderen Ort gesehen hatte und die auch nicht meinen Vorstellungen von einem möglichen Zusammenleben von Menschen und Tieren entsprachen. Wir sahen helle und dunkle, große und kleine Hunde, welche mit glattem und kurzem Fell und solche, bei denen lange Haare in alle Richtungen wuchsen. Die Tiere hatten kleine oder große Ohren, einen freundlichen Blick oder einen durchtriebenen. Es gab

Hunde mit aufgerichteten Ohren und andere mit Ohrlappen, die wie schwere Vorhänge neben den Köpfen hingen. Aus einigen geöffneten Mäulern hingen riesige feuchte Zungen, und man sah scharfe und furchteinflößende Zähne. Es gab auch Wachhunde mit durchdringendem Blick, denen der Drang zur familiären Vorherrschaft ins Gesicht geschrieben stand. Manchen tropfte Speichel aus dem Maul, andere entleerten sich vor unseren Augen, und wieder andere bellten ständig und ungeniert. Während manche das mit lauter und dunkler Stimme taten, so dass der Ton nicht nur ins Ohr drang, sondern auch frontal in die Magengrube, produzierten vor allem die Kleinzuchten ihre Geräusche in der Stimmlage eines Zeisigs, was auch nicht viel angenehmer war. In der gesamten Ausstellungshalle roch es muffig und säuerlich. War all das womöglich das Vorspiel zu unserem zukünftigen Dasein mit Hund?

Meine Frau lief mal hierhin, mal dorthin und ließ die vielen Eindrücke auf sich einwirken. Einige Züchter hatten trotz der Hitze ihre Welpen mit zur Ausstellung gebracht. Die sahen durch ihr angeborenes Kindchenschema besonders niedlich aus und lenkten damit vom Endzustand ihrer genetischen Bestimmung ab, der in weniger als einem Dreivierteljahr erreicht sein würde und dann oft nicht mehr viel zu tun hat mit dem, was hier noch so possierlich am Messeboden herumtippelte.

Wir hatten uns längst für ein kleines, höchstens mittelgroßes Tier entschieden. Meine Frau misst nur 1,60 Meter und wollte sich nicht auf einen Hund einlassen, mit dem sie auf allen Spaziergängen ein tägliches Tauziehen veranstalten musste. Also blieb sie bevorzugt vor solchen Ausstellungsflächen stehen, bei denen die mitgebrachten adulten Tiere ihre Kniescheiben nicht überragten. Dackel, Möpse und West-Highland-Terrier hatten wir von vornherein ausgeschlossen, doch es gab noch eine ganze Reihe anderer Hunde, die zumindest von ihrer Größe her für uns infrage kamen. Natürlich spielten auch bei meiner Wahl optische Faktoren eine Rolle. Ich will nicht verheimlichen, dass es mir durchaus wichtig war, sollte ich schon ein Leben mit Hund beginnen, wenigstens ein ausgesprochen ansehnliches Exemplar auszuführen. Ebenso wichtig war mir, dass die Tiere keine Eigenarten ins Haus trugen, die mit meinen Vorstellungen vom weitgehend ungestörten Zusammenleben kollidierten. Von daher kamen Rattenjäger und Marathonläufer ebenso wenig infrage wie ständig im Garten grabende Hunde oder badewütige Exemplare, die in jeden noch so schmutzigen Tümpel springen und hinterher die gute Stube mit Fadenalgen und dem Gestank verwesender Fische und Kröten versauen. Auch Tiere, die jeden Fremden daran hindern, das Grundstück oder gar das Haus zu betreten, wollte ich nicht. Ich gebe zu: Meine Ansprüche waren ziemlich hoch. Gab es unter diesen Umständen überhaupt noch Exemplare, auf die ich mich einlassen konnte, oder musste ich nun von vornherein Abstriche machen?

Einige Hunde auf der Messe kamen aus besonders erfolgreichen Zuchten, hatten wohlklingende Namen, Ahnen und Urahnen und wurden nur abgegeben, wenn man einem entsprechenden Verein beitrat, die Mitgliedsgebühr zahlte und sich in eine Warteliste eintrug. Diesen Zirkus wollten wir beide nicht mitmachen.

Außer den Ausstellungsflächen mit den Tieren und ihren stolzen Züchtern gab es auch Stände, auf denen Hundezubehör und Hundedienstleistungen angeboten wurden. Ich staunte nicht schlecht über die Offerten, mit denen man im Haustiermarkt anscheinend gute Geschäfte machen konnte: Hundeversicherungen und Hundereisen, Hundepensionen und Hundetherapien, Hundekuren und Personal Dogtrainer. Das Warenangebot war überwältigend. Hundespielzeuge und Hundeschlafstätten, Leckerlibeutel, Leinen, Halsbänder und Pflegezubehör, Hundetransportanhänger fürs Fahrrad und schwere Gitterboxen für den Kofferraum. Was die Fressnäpfe anging, konnte man zwischen einfachen Plastikgussexemplaren für wenige Euro und hochwertigen Designerstücken aus Emaille, Edelstahl und Tropenholzsockel für mehrere Hundert Euro wählen. Auch die vielen Futtersorten konnten sich sehen lassen. Im Grunde unterschied sich das Nahrungsangebot für Hunde nicht wesentlich von dem für Menschen in einem gut sortierten Supermarkt. Neben farbigen Dosen und Tüten gab es Spezialnahrung für alte und gebrechliche Hunde und für Hunde mit speziellen Erkrankungen und Unverträglichkeiten. Wenn man der Werbung glauben wollte, war das Futter nicht nur für die reine Ernährung der Tiere da. Die Auswahl an Zusatzstoffen glich dem Angebot menschlicher Nahrungsergänzungsmittel, mit denen inzwischen die meisten Apotheken ihre Einnahmen aufstocken. Damit angereichertes Futter brachte also das Fell zum Glänzen, erhöhte die allgemeine Vitalität, verbesserte Seh- und Hörleistungen, stärkte Knochen, Immunabwehr und Verdauung. Es gab Futter mit besonders vielen Kalorien für Hunde, die zunehmen sollten, und welches mit wenigen Kalorien für korpulente Tiere.

Irgendwann hatte ich genug von all diesen Angeboten, wollte wieder an die frische Luft und suchte darum meine Frau. Sie war vor einem nicht ganz kniehohen, schwarz-braunweiß gezeichneten Hund stehen geblieben, den ein Besucher an der Leine führte. Dieser Hund hatte einen freundlichen Gesichtsausdruck mit großen dunklen Augen und netten Schlappohren. Seine Pfoten und die Schwanzspitze waren weiß. Sympathisch sah er aus, wie er so dastand. Ein richtiger Hund, dachte ich. Sein Schwanz ragte in die Höhe und wedelte. Der Hund schaute meine Frau und mich aufmerksam an, indem er seinen Kopf leicht zur Seite neigte.

„Was ist das für ein Hund?", fragte ich.

„Ein Beagle", sagte meine Frau, die diese Frage schon beantwortet bekommen hatte.

„Kennen Sie Snoopy?", fragte sein Besitzer.

„Natürlich. Das ist doch der Hund von Charly Brown, der immer auf dem Dach seiner Hundehütte liegt."

„Snoopy ist so ein Beagle. Wahrscheinlich der bekannteste Beagle der Welt", sagte der Mann, der ebenso freundlich aussah wie der Hund an seiner Leine.

Dieser Hund gefiel mir gut. Allerdings wollte ich das nicht zu sehr demonstrieren – meine Frau geriet schon genug ins Schwärmen! Schon hatte sie sich hingekniet und dem kleinen Hund über den Kopf gestreichelt.

„Niedlich, nicht wahr?", sagte sie. „Sieht aus wie ein richtiger Hund!"

Ich fragte den Besitzer nach dem Charakter des Hundes und erfuhr, dass er ausgesprochen friedlich, nicht aggressiv und zudem besonders nett zu Kindern und anderen Hunden sei.

„Und sonst so?", hakte ich nach. Irgendeinen Nachteil musste es doch geben!

„Nun ja", sagte der Mann und kratzte sich am Ohr, „die Erziehung ist nicht ganz einfach. Da braucht man sehr viel

Geduld. Der Hund neigt zur Eigenwilligkeit, und meistens setzt er seinen Willen auch durch. Man muss vielleicht etwas strenger sein als mit anderen Hunden. Aber das bekommen Sie hin!"

Meine Frau nickte.

„Er ist eine kleine Persönlichkeit", sagte der Mann abschließend, vielleicht um die eben gemachten, etwas kritischen Bemerkungen wieder abzurunden.

Das gab mir zu denken. Freundliche Menschen reden von einer „kleinen Persönlichkeit", aber wenn sie es anders formulieren würden, klänge es weniger verführerisch: Das Tier war also sturköpfig, unbelehrbar und widerspenstig. Sollten wir uns das wirklich antun? Andererseits gab es sicher eine große Bandbreite von Charakteren, und vielleicht geriet man ja zufällig an ein Exemplar, bei dem alles ganz einfach werden würde. Vor allem das Aussehen des Beagles gefiel mir. Auch die Größe passte, und meine Frau hatte sich ohnehin schon in dieses Tier verliebt. Für uns stand nun fest: Wenn wir schon einen Hund annehmen wollten, dann sollte es ein Beagle sein.

4

Nun wird es ernst!

Schon im Vorfeld der Anschaffung unseres Hundes informierte mich meine Frau darüber, worauf es beim Zusammenleben mit einem Tier dieser Art ankomme. Das A und O eines geregelten Miteinanders sei die konsequente Erziehung. Dafür müsste ich nun auch bald beginnen, geeignete Literatur zu studieren, und wenn der Hund erst einmal da sei, würde bald auch ein Besuch der Hundeschule notwendig werden.

Ich wollte das nicht so recht glauben. Ein Hund, dachte ich, passt sich einfach unserem Leben an. Fertig. Dass ein anstrengender Lern- und Übungsprozess damit verbunden sein sollte, hielt ich für maßlos übertrieben.

„Ich dachte nicht, dass man für einen kleinen Hund noch ein großes Studium machen muss!", sagte ich.

Doch meine Frau wusste es besser: Der Hund würde sein Leben lang den Versuch unternehmen, die Nummer eins im Rudel zu sein. Das sei angeboren und könne nur durch eine gezielte Erziehung beziehungsweise durch eine ständige Erinnerung an die vom Hundebesitzer gewünschten Machtverhältnisse unter Kontrolle gebracht werden.

„Was würde das für ihn heißen, die Nummer eins zu sein?"

Meine Frau lachte.

„Nun, der Hund kann seinen Lebensraum mit Urin markieren, er kann sich unser Essen vom Tisch nehmen und unsere Polstermöbel besetzen, er kann uns ermahnen, seinen Willen zu befolgen, indem er zuerst bellt und später sogar knurrt oder beißt. Du musst ihm also von Anfang an Grenzen setzen und ihm zeigen, was er darf und was er nicht darf."

Also eine Art Sklave, dachte ich, erfuhr aber dann, dass ein Hund Verbote und eine gewisse Strenge nicht als Demütigung erlebt, sondern als ganz normale rudelinterne Regelung, die er lediglich zur Kenntnis nimmt und befolgt.

„Ich dachte nicht, dass ich mich nun als Teil eines Rudels zu definieren habe!", wunderte ich mich.

„Du kannst dich definieren, wie du willst. Für den Hund sind wir in jedem Fall ein Rudel. Sein Rudel. Wir leben zusammen, wir kämpfen füreinander und wir teilen unser Essen. So einfach ist das! Übrigens geht es in einem rein tierischen Rudel auch nicht anders zu. Das Alphatier gibt den Ton an, und wer nicht kuscht, wird ziemlich grob daran erinnert, dass hier nur einer oder eine das Sagen hat."

„Und wer von uns beiden wäre dann quasi das Alphatier?", fragte ich vorsichtig. Meine Frau lachte und ließ die Antwort offen. Vor allem, sagte sie noch, sei es außerordentlich wichtig, dass wir beide an einem Strang zögen. Würde einer von uns zum Beispiel etwas verbieten, der andere es aber bei nächster Gelegenheit erlauben, würde der Hund sehr schnell dahinterkommen und alles versuchen, um diese Ungleichheit zu seinen Gunsten auszunutzen.

Ich schluckte. Meine Frau hatte schon einige Bücher zum Thema gelesen und Hundeerziehungssendungen im Fernsehen angeschaut. So viele Gedanken hatte ich mir vorher nicht gemacht. Ich bekam eine leise Vorahnung davon, dass der

Besitz eines Hundes doch weit über tägliche Spaziergänge und das Umfüllen von Futterportionen hinausging. Ein weiteres Problem, das mir nun möglich schien, betraf unsere unterschiedlichen Charaktere. Während meine Frau durchweg diszipliniert und konsequent ist, neige ich zu Inkonsequenz und mangelnder Disziplin. Diese Verschiedenheit hat sich bisher als praktikable Ergänzung erwiesen, und wir sind damit gut durchs Leben gekommen. Aber nun?

Also begann ich das Große Hunde-ABC zu studieren und tastete mich an meine zukünftigen Aufgaben als Hundehalter heran. Einen Hund nicht konsequent zu erziehen, las ich, sei ein grundlegender Fehler, der meist schon früh begangen wird und sich dann nur schwer wieder korrigieren lässt. Die Hundetrainer können es nicht oft genug wiederholen: Das Tier braucht klare Regeln.

Sitzt der junge Hund zum Beispiel neben dem Tisch, wenn seine Menschen essen, und bekam er am Vortag ein paar Bissen von dort hinuntergereicht, vielleicht weil er so nett und erwartungsvoll nach oben geschaut hat, sollte man sich über die heutige Mahlzeit keine falschen Vorstellungen machen. Gibt's dann nämlich kein Häppchen, wird der Hund keinesfalls denken: „Ach so, heute haben sie vielleicht schlechte Laune" oder „Das Fleisch ist knapp". Nein, er denkt sich gar nichts bei seiner Erwartung. Er tröstet sich auch nicht damit, dass es morgen vielleicht wieder besser für ihn läuft. Er stellt nur hier und jetzt fest, dass er im Augenblick etwas möchte und nichts geschieht. Was macht er also? Er verleiht seiner langsam aufkommenden Ungeduld etwas Nachdruck. Zuerst stupst er vielleicht nur mal kurz gegen das Bein des unzuverlässigen Futterspenders. Wie zufällig. Dann noch einmal. Geschieht wieder nichts, gibt er einen kurzen Laut von sich. Nun ist das Theater vorprogrammiert. Der nächste Schritt in der Eskalationsfolge ist kurzes Bellen. Weil seine Besitzer die Störung bei Tisch nicht wollen, geben sie schon wieder nach:

„Das ist das letzte Stück. Mehr gibt's nicht!" Der Hund denkt nur: Gut, klappt ja. Kaum hat er den Bissen hinuntergewürgt, bellt er schon wieder. Jetzt werden Herrchen und Frauchen ungeduldig:

„Lass das!"

Der Hund ignoriert den unerklärlichen Stimmungswechsel und fordert die Lieferanten erneut auf, seinem Wunsch nach einem Stück Schnitzel zu entsprechen. Er bellt. Man bringt ihn in den Flur und schließt die Tür. Drinnen essen die Menschen weiter, draußen kratzt der Hund an der Tür. Er will wieder rein. Natürlich. Und weil er die Tür allein nicht aufbekommt, bellt er schon wieder. So entwickelt sich schnell eine ungünstige Ausgangssituation für das weitere Zusammenleben.

Der aufgeführte Fall erinnerte mich an meine Schwägerin Inge und ihren Münsterländer Rudi. Sie waren ein gutes Beispiel für die beschriebene Form gegenseitiger Missverständnisse und Fehlentwicklungen. Mal durfte Rudi aufs Samtsofa, dann wieder nicht. Vor allem nicht wenn Gäste anwesend waren. Aber auch nicht dienstags, denn dann hatte am Tag zuvor die Putzhilfe alle Hundehaare vom Stoff gesaugt. Auch am Samstagvormittag war das Sofa für ihn tabu. Inge brauchte dann die gesamte Sitzfläche des Möbels zum Sortieren der Zeitungsbeilagen für preiswerte Wochenendeinkäufe. An Regentagen durfte Rudi die Couch wieder nicht nutzen – wegen der schmutzigen Pfoten nach den Spaziergängen. Ein Mensch versteht diese Zusammenhänge vielleicht nach einiger Zeit und kann sich danach richten – ein Hund aber nicht.

Meistens musste Rudi hinten im Hundeabteil des Autos sitzen, dann durfte er aber auch mal auf den Beifahrersitz. Dort saß er lieber, denn die Nähe zur Bezugsperson war ihm angenehm und auch der freie Blick nach vorn. Doch die Schwägerin gestattete ihm das nur, wenn sie keine Tasche dabeihatte, was aber selten war. Bei Spaziergängen lobte Inge das Tier, wenn es ihrem Ruf folgte und zu ihr zurückkehrte. Doch an anderen Tagen schimpfte sie, wenn Rudi zwar endlich angerannt kam, die ersten Rufe seines Frauchens aber ignoriert hatte. Die Folge: Der Hund wurde schon früh nervös und schaute auch beim Liegen auf seinem Platz ständig in alle Richtungen, um keines der rätselhaften Signale seines Zweibeiners zu verpassen. Er wirkte selten entspannt oder gelassen. Eigentlich nie. Er bellte viel und biss die Schwägerin sogar in den Zeigefinger, als sie ihn einmal vom Sofa verscheuchen wollte – übrigens an einem Dienstag. Für Inge war das ein Schock. „Er ist ein schwieriger Hund", sagte sie und war nicht in der Lage oder willens, die Ursachen dafür zu erkennen.

Besonders erstaunlich finde ich es, wie leicht Menschen, denen die Erziehung ihrer Kinder durchaus geglückt ist, bei einem Tier zu pädagogischen Versagern werden. Zum Beispiel mein ehemaliger Mitschüler Andreas und seine Frau Andrea im Harz. Sie hatten einen merkwürdigen Terrier aus dem Tierheim geholt. Emir. Als passionierter Jagdhund trug er schon im Laufe der ersten Wochen im neuen Umfeld eine artenreiche Ausstellung erlegter Tiere im Wohnzimmer zusammen: drei Hausratten und zwei Wanderratten, zwei Mäuse, eine Taube, mehrere Frösche und Kröten und eine Blindschleiche. Im Haus war er meist unausgelastet und ramponierte bald die Einrichtung. Er biss sich in den schweren Vorhängen der Gartentür fest und zerrte so lange daran, bis die Haltedübel der Laufschiene aus der Decke kamen. Emir kaute an den Kissen der Polstermöbel und an den Stuhlbeinen herum und ramponierte die Einrichtung der Freunde, so gut er konnte. Bei unserem letzten Besuch biss er auch in meine Lederschuhe und die beiden Andreas hatten alle Mühe, ihn von weiteren Attacken abzuhalten. Damals bestätigte sich meine Ansicht, dass Hunde in einer halbwegs zivilisierten Gesellschaft nichts zu suchen haben.

Nun muss ich die Causa Emir wohl unter Verschluss bringen. So wie alle anderen Geschichten von Hunden, die ihre Besitzer an den Rand der Verzweiflung getrieben und mir gezeigt haben, dass es eigentlich unmöglich ist, mit einem derartigen Tier unter einem Dach zu leben. Mehr noch: Ich werde mich damit abfinden müssen, dass ich früher oder später auch ein Hundebesitzer sein werde. Einer, der mit Kotbeuteln durch den Park läuft und von Menschen wie mir kopfschüttelnd oder bedauernd zur Kenntnis genommen wird.

5

Der Hund kommt ins Haus

Es hatte sich ja schon abgezeichnet, dass mir die Anwesenheit eines Vierbeiners der Art „Canis lupus familiaris“ nicht dauerhaft erspart bleiben würde. Ein paar Monate nach dem Besuch der Haustiermesse erzählte mir ein Kollege, dass seine Nachbarn gerade versuchten, sechs frische Beagle-Welpen abzugeben. Am darauffolgenden Wochenende besuchten wir die Hundehalter im Berliner Umland. Die Tiere lebten bei ihnen im Haus und rannten durch alle Räume. Ihre Besitzer waren zwar keine Züchter, hatten aber schon einmal das Programm „Unser Hund bekommt Junge“ durchgespielt. Ihre neuen Welpen waren alle schon gechipt und geimpft und an diesem Tag elf Wochen alt geworden. Wir hatten die Wahl zwischen drei Jungtieren, die anderen waren schon vergeben. Während es mir ziemlich egal war, ob wir ein männliches oder ein weibliches Tier anschafften, war für meine Frau nur ein weiblicher Hund akzeptabel. Sie meinte, der pinkele nicht ständig überall hin, stinke nicht, vermeide Raufereien mit Rüden und drehe auch nicht durch, wenn eine läufige Hündin im Revier sei.

Nun standen also nur noch Bessy und Biba zur Auswahl. Wir fanden beide, dass der Hund, der hier Bessy genannt wurde, netter aussah als das andere Mädchen. Außerdem hatte das Tier gleich Kontakt zu uns aufgenommen. Die Hundebesitzerin war unserer Namensfindung schon zuvorgekommen, doch der Name gefiel uns nicht. Nein: Mir gefiel er nicht.

Als die Dame den Kaufvertrag ausfüllte, sagte sie eher beiläufig:

„Den Namen Bessy werden Sie übernehmen?"

Obwohl es der Betonung nach eine Frage war, ließ sie doch wenig Zweifel daran, dass wir mit ihrem Vorschlag zufrieden sein würden. Der Name stand auch schon im Impfausweis und in der Bescheinigung für den Mikrochip, der dem Hündchen kurz nach seiner Geburt unter die Haut gejagt worden war. Für mich kam dieser Name nicht infrage, weil ich dabei an eine frühere Kollegin denken musste, die Bessy hieß und die ich nicht mochte. Sie hatte mir einmal erzählt, dass schon ihre Mutter und Großmutter diesen furchtbaren Namen getragen hatten und dass das Kind der Kollegin nun auch schon wieder Bessy hieß.

Noch während ich Luft holte, um meiner Abneigung ungehemmt Ausdruck zu verleihen, sagte meine Frau geistesgegenwärtig: „Eher nicht." Daraufhin erklärte uns die Verkäuferin, dass es üblich sei, die Namen der Welpen nach der Zahl der Würfe des Muttertiers auszuwählen. Bekam eine Hündin zum ersten Mal Kinder – die Züchter sprechen vom A-Wurf – erhielten alle ihre Welpen Namen, die mit einem A begannen. Unser Hund kam aus dem zweiten Wurf der Hundemutter, dem B-Wurf, so dass nun Namen üblich waren, die mit einem B begannen.

„Was also dann?", fragte die Verkäuferin etwas enttäuscht.

„Darüber müssen wir noch nachdenken", sagte meine Frau, womit sie mir wieder etwas zuvorkam, denn fast schon hätte ich zur Bestätigung meines Eigenwillens und auch um zu demonstrieren, dass ich keineswegs gewillt war, die für mich völlig unverbindliche Züchterregelung zu übernehmen, gesagt: „Wahrscheinlich auch nichts mit B!“

„Dann lasse ich das Feld für den Namen frei“, sagte die Dame mit dem Vertrag. Ich nickte zufrieden. In einer Woche sollten wir das Tierkind abholen kommen.

„So schlimm finde ich den Namen Bessy nicht“, meinte meine Frau, als wir wieder im Auto saßen, „und einen neuen müssten wir dann ja auch überall ändern lassen!“

„Du erinnerst dich vielleicht an die Geschichte mit meiner ehemaligen Kollegin Bessy, die während meines Sommerurlaubs ungefragt an meinem Schreibtisch gearbeitet, alles umsortiert und sogar einige meiner Papiere weggeworfen hat?“ Natürlich erinnerte sich meine Frau daran, denn ich hatte mich damals furchtbar darüber geärgert und tagelang kaum über etwas anderes gesprochen.

„Ich möchte nun wegen des Hundes nicht täglich mehrfach an diese Kollegin erinnert werden. Außerdem finde ich den Namen fürchterlich und nahezu zickig“, erklärte ich und wusste, dass ich am längeren Hebel saß, weil ich nach der Anschaffung des Hundes, den ich eigentlich gar nicht haben wollte und der nun zu benennen war, eine Entscheidung gut hatte bei meiner Frau. Das erste Problem war also gelöst. Nun mussten wir nur noch einen Namen finden, der uns beiden gefiel.

Beim Abendbrot spielten wir verschiedene Möglichkeiten durch. Meine Frau kam auf Paula, Kiki, Mona und Tanja. Diese Namen mochte ich nicht. Meine Vorschläge stießen aber auch nicht auf Begeisterung: Lola, Paola, Gina, Michelle, Katja – alles wurde abgelehnt. Je länger unser Brainstorming dauerte, desto absurder wurden die Einfälle. Es wurde ein lustiger Abend, wir tranken eine ganze Menge Wein und schließlich vertagten wir die weitere Namensfindung.

Merkwürdig: Obwohl mir der kleine Hund noch nicht besonders ans Herz gewachsen war, wollte ich doch bei der Namensauswahl keinen Fehler machen. Schließlich musste ich damit rechnen, dass die einmal festgelegte Benennung täglich mehrfach von uns benutzt würde. Wir einigten uns auf „Tamara". Wie ich damals auf diesen Namen gekommen war, weiß ich leider nicht mehr.

Die Abholung und Überführung des kleinen Tieres war auch für mich ein etwas feierlicher Akt. Wir hatten ein kleines Halsband und eine Leine mit zu den Verkäufern genommen und eine Flasche Sekt. Auf dem Heimweg setzten wir den Welpen auf ein weiches Hundekissen im Beifahrerfußraum. Doch das gefiel ihm nicht. Er stellte sich auf die Hinterpfoten und drängte nach oben. Meine Frau erkannte die drohende Gefahr und begann gleich mit der Erziehung. „Nein", sagte sie, und schob das Tier mit ihrer Hand nach unten zurück, wo sie es mit dem Daumen im Lederhalsband fixierte, mit den anderen Fingern streichelte und „So ist es fein!" sagte.

Ich gebe zu: Nachdem der Hund erst einmal im Haus war, bemühte ich mich auch um ihn. Bevor ich morgens ins Badezimmer ging, wollte ich schnell noch ins kleine Körbchen schauen, in dem er am Abend neben unserem Bett auf der Seite meiner Frau eingeschlafen war. Natürlich hatte Tamara längst gehört, dass ich mein Schlaflager verlassen hatte, und kam schwanzwedelnd um die Ecke des Möbels. Zur Begrüßung legte ich mich zu ihr auf den Teppich und streichelte sie, was dem Tier zu gefallen schien. Mir gefiel es auch. Mehr noch: Ich redete Tamara an.

„Na, meine Kleine, hast du schön geschlafen bei uns?"

Hätte man mir noch vor drei Monaten vorhergesagt, ich würde nur spärlich bekleidet auf dem Fußboden liegen und ein Haustier nach seinem nächtlichen Erholungszustand befragen, hätte ich mir Sorgen um den Geisteszustand des Propheten gemacht. Zudem konnte der Hund meine Frage weder verstehen noch beantworten. Jedenfalls nicht besser als ein neugeborenes Kind. Warum also diese sprachliche Ebene? Hatte der Vierbeiner eine Art Vaterreflex bei mir ausgelöst? Wie war ihm das gelungen, oder besser: Was war plötzlich mit mir los?

Als ich auf die Toilette ging, kam der Hund mit. Er schaute sich genau an, was ich dort machte. Vom Abrollen des Toilettenpapiers bis hin zum Einseifen in der Duschkabine. Beim Abtrocknen musterte er mich von oben bis unten. Wahrscheinlich hatte er noch nie einem menschlichen Waschvorgang zugeschaut und holte es jetzt nach. Wollte ich das? Spielte es jetzt noch eine Rolle, ob ich es wollte? Das hatte ich nun von meiner Gutmütigkeit!

Der Hundetrainer, bei dem wir Tamara zur Hundeschule anmeldeten, fand ihren Namen etwas sperrig. „Fürs Heranrufen sind dreisilbige Namen nicht so günstig", erklärte er uns, ein Hund reagiere besser auf kurze Laute. Nicht umsonst seien die verbreiteten Befehle überwiegend einsilbig: Komm! Bleib! Aus! Nein! Pfui!

Eine weitere Namensgebung stand bevor. Unsere. Von uns als „Mama" und „Papa" zu sprechen, sollte den Kindern vorbehalten bleiben, und „Hundeeltern" wollten wir uns auch nicht nennen, mal ganz abgesehen davon, dass dann immer noch die entsprechenden Einzelbezeichnungen fehlten. Blieben noch „Herrchen" und „Frauchen", was ja durchaus gebräuchlich ist. Das fanden wir beide entsetzlich, denn weder wollte sich meine Frau als „Frauchen“ verstanden wissen, noch hatte ich den Eindruck, dass auf meine eher stattliche Erscheinung der Begriff „Herrchen“ zutraf. Meine Frau kam schließlich auf die Idee, von uns als „Monsieur“ und „Madame“ zu sprechen. Es klang nicht so affig wie „Herrchen und Frauchen“, sondern etwas vornehmer, und der Hund konnte en passant gleich zwei französische Vokabeln lernen. Fortan verwendeten wir dem Hund gegenüber also nur noch diese Begriffe, und Tamara verstand sie schnell. Damit waren alle grundlegenden Entscheidungen hinsichtlich der neuen familiären Nomenklatur getroffen, und wir konnten uns den weiteren Aufgaben zuwenden.

6

Kleiner Hund ganz allein

Meine Frau hatte sich schon früh mit hundepädagogischen Fragen beschäftigt. Sie war im Besitz zweier Nachschlagewerke, hatte einige Martin-Rütter-Sendungen im Fernsehen angeschaut und immer wieder auch Hundebesitzer angesprochen, die sie meist zufällig irgendwo traf und die ihr gerne Auskunft gaben. Immer wieder fasste sie die neuen Informationen am Abend für mich zusammen, was mir viel Zeit und ein eigenes Theoriestudium ersparte. Im Alltag mit Tamara sollte uns das neue Wissen schnell zugutekommen. Ich lernte zum Beispiel: Weil Hunde Rudeltiere sind und bereits in der Gebärmutter ihr kollegiales Miteinander festigen, müssen sie sehr behutsam und schrittweise ans Alleinsein gewöhnt werden. Ein Hund, der zum ersten Mal im Haus zurückgelassen wird und keine Geschwister mehr bei sich hat, ist verunsichert und bekommt Existenzängste. Man kann ihm ja nicht erklären, dass man nur mal schnell etwas besorgen muss und bald wieder zurückkommt. Kaum ist er allein, bricht sein gesamtes Lebensgefüge zusammen.

An einem Sonntag machten wir also unsere erste gemeinsame Übungseinheit. Ich erinnere mich noch genau daran:

Tamara kommt wie üblich zur Haustür gelaufen, weil wir unsere Schuhe anziehen und den Schlüssel vom Haken nehmen. Beides, das Anziehen der Schuhe und das Klimpern des Schlüsselbundes, signalisieren ihr, dass ein Aufbruch bevorsteht. Doch dieses Mal müssen wir das Jungtier enttäuschen.

„Tamara, du musst jetzt mal alleine hierbleiben!", sagt meine Frau und hebt dabei ihren Zeigefinger. Tamara wedelt mit dem Schwanz und kommt näher.

„Nein", sagt meine Frau, „du musst hierbleiben!" Sie nimmt den Hund auf, trägt ihn ins Wohnzimmer, setzt ihn wieder ab und gibt die Anweisung zum Sitzen und Bleiben: „Warte!" Der Hund setzt sich hin und schaut sie aufmerksam an. Sobald meine Frau ihm den Rücken zukehrt, springt er wieder auf und kommt hinterher. Ich stehe an der Haustür und sehe mir die Szene an.

„Vielleicht sollten wir sie anbinden", schlage ich vor. Meine Frau unternimmt den zweiten Versuch. Hund hochheben, zurück ins Zimmer tragen, absetzen, Zeigefinger heben, „Warte" sagen, sich umdrehen, gehen. Der Hund kommt ihr schwanzwedelnd hinterher. Dritter Versuch. Meine Frau ist ein geduldiger Mensch. Ich neige eher zur Ungeduld. Beim vierten Mal komme ich mit der Hundeleine. Eine Seite kommt an den Hund, die andere an den Fuß des Ledersessels.

„Warte schön!"

Wir drehen uns um, gehen aus dem Zimmer, Tamara will hinterher. Die Leine spannt sich, der Hund erkennt die Einschränkung, stellt sich auf die Hinterbeine und stemmt sich gegen den unerwünschten Widerstand. Dass er trotz aller Mühe nicht vom Fleck kommt, gefällt ihm nicht. Meine Frau weiß: Ein derartiger Abschied auf Zeit soll so wenig emotional wie möglich sein. Eher kurz und knapp. Wir gehen also aus dem Haus und ziehen die Tür zu, ohne uns noch einmal nach dem leidenden Tier umzudrehen. Das fiepst und bellt abwechselnd. Wir hören es draußen. Auch Quedlinburg, der Nachbarhund, hört es, kommt zum Zaun und bellt mit.

„Lass uns schnell zum Einkaufen fahren“, sage ich.

„Das dauert viel zu lange“, meint meine Frau. Drinnen fiepst und bellt Tamara und hört nicht wieder auf. Wir zwingen uns, noch etwas abzuwarten.

Einundzwanzig, zweiundzwanzig ... Ich schließe wieder auf, und wir betreten das Haus. Tamara steht immer noch oder schon wieder auf den Hinterpfoten und wedelt jetzt wild mit dem Schwanz. Endlich, endlich sind wir wieder da! Wir machen die Leine ab und streicheln und loben den Hund. Er merkt: Wir freuen uns überschwänglich. Zur Bekräftigung unserer Zufriedenheit gibt es ein kleines Trockenhäppchen. Das nennt man wohl positive Verstärkung.

„Fein gewartet!“, lobt meine Frau. Tamara verschlingt das Häppchen und bekommt ein zweites. „Fein gemacht!“ Am Nachmittag starten wir eine zweite Übungseinheit.

„Du musst hierbleiben“, sage ich und hebe nach dem Vorbild meiner Frau den Zeigefinger.

Tamara schaut mich mit ihrem zur Seite geneigten Kopf an.

„Geh ins Zimmer und warte“, sage ich. Der Hund bleibt mit wedelndem Schwanz vor mir stehen. Ich hebe ihn hoch und trage ihn ins Wohnzimmer. Gerade will ich „Sitz“ und „Bleib“ sagen, da ist er schon wieder an der Haustür. Ich hole ihn zurück. „Sitz!“ Der Hund rennt erneut in den Flur.

„Dann muss ich dich anleinen“, sage ich streng.

Als der Hund wieder mit dem Sessel verbunden ist, gehen wir aus dem Haus. Tamara fiepst und bellt. Wir warten. Drei Minuten, vier Minuten, das Tier tut mir etwas leid. Wir können ihm nicht verständlich machen, dass seine Einsamkeit nur von kurzer Dauer sein wird. Für den Hund ist unser Wegsein ein endgültiger Zustand. Nach fünf Minuten bellt er nicht mehr. Was mag er wohl empfinden? Lernen eigentlich alle Hunde irgendwann, dass das Alleinbleiben aushaltbar ist? Wir flüstern.

„Reicht es nicht?"

„Nein, lass uns noch eine Minute warten."

Es werden zwei Minuten oder drei. Drinnen ist es vollkommen ruhig. Merkwürdig. Da kratzt es an der Tür. Tamara hat die Leine durchgebissen und will uns folgen. Wenigstens bis zur Tür. Wir schließen sie auf. Stürmische Begrüßung auf beiden Seiten. Trotz der zerbissenen Leine loben wir sie, und sie bekommt ein Trockenhäppchen.

„Fein gemacht!"

In den nächsten Tagen wiederholen wir die Übung immer wieder. Nach einer Weile bellt der Hund nicht mehr, wenn wir aus dem Haus gehen, und er beißt auch die neue Leine nicht durch. Wir versuchen es ohne Leine. Es geht ganz gut. Doch Tamara greift sich nun Gegenstände, auf denen sie während der Wartezeit herumkauen kann – vorzugsweise Naturprodukte und ganz besonders solche Dinge, die nach uns riechen. Einen Schuh, der nach der Übung leider nicht mehr zu brauchen ist. Ein Brillenetui aus Kork, in dem ich meine Lesebrille aufbewahre. Dem Etui fehlt jetzt eine Ecke und die Brille hat einen angeknabberten Bügel. Beim nächsten Mal ist es eine Handtasche meiner Frau. Was sie nun oben hineinsteckt, fällt unten gleich wieder hinaus. In zwanzig Minuten gelingt es Tamara jedes Mal aufs Neue, uns mit ihrer fantasievollen Zerstörungskraft zu überraschen.

„Dieser Hund ist ein Nagetier", stelle ich fest. Wir kaufen darum in der Tierhandlung feste Kauartikel. Ich staune über die Vielfalt tierischer Nebenprodukte: getrocknete Schweineohren, Schweinenasen, Schweineschwänze, Ochsenpenisse, Kopfhaut von der Kuh, Kaninchenohren mit und ohne Fell, Kalbsfüße, Pansen, Hirschhornstücke, Rindernasen. Eines riecht fürchterlicher als das Nächste. Man sollte meinen, die Schlachtabfälle haben keinen hohen Wert, doch die Preise dafür sind mindestens ebenso happig wie das viel höherwertige Fleisch der getöteten Tiere. Nun gut, sie müssen eingesammelt, getrocknet und portioniert werden. Trotzdem: Fünf getrocknete Schweineohren kosten zehn Euro. Das finde ich viel. Am schlimmsten stinken Pansen und Rinderpenis. Gerade auf denen kaut Tamara aber am liebsten herum. Die angebrochenen Tüten müssen wir in einem Behälter mit fest schließendem Deckel aufbewahren – sonst riecht es im ganzen Haus wie in einer vernachlässigten Schweinemast. Beim nächsten Alleinbleiben legen wir Tamara ein Stück Pferdekopfhaut vor die Nase.

„Warte schön!"

Wir gehen eine Stunde lang einkaufen. Als wir wieder zurückkommen, ist die Pferdekopfhaut weg, aber auch die rechte untere Ecke des Krimieinbandes, der auf dem Couchtisch lag. Ein Buch aus der Bibliothek. Tamara hat den Buchdeckel mit ihrer Spucke zu einem Hügel kleiner Pappmaché-Kügelchen umgearbeitet. Die Schäden beginnen sich zu summieren. Wir stellen unser Wartetraining noch einmal auf eine kürzere Zeitspanne um. Drei Minuten. Vier Minuten. Es funktioniert. Meistens. Einmal geht es dem persischen Seidenteppich an den Kragen. Die auseinandergerupften feinen Fäden bilden eine Art kleines Nest, und es bleibt uns nichts weiter übrig, als sie abzuschneiden. Die Zerstörung ist nicht besonders groß, aber groß genug, um sie zu bemerken. Wir rücken die Möbel zur Seite und drehen den Teppich mit der aufgetrennten Ecke unters Sofa. Wahrscheinlich haben wir viel zu schnell viel zu große Fortschritte erwartet. Mit der behutsamen Steigerung der Wartezeit klappt es besser. Immer öfter stellt sich der Hund auf die tierischen Trockenprodukte der Futterhandlung ein, wenn ihm die quälende Wartezeit in die Kiefer fährt. Nach einem Vierteljahr ist es geschafft. Zwanzig Minuten sind jetzt schon drin. Für uns ist das nicht viel Zeit. Es reicht gerade mal, um schnell etwas beim Bäcker einzukaufen, zum nächsten Briefkasten zu laufen oder zum Tanken zu fahren. Immerhin: Der Hund kann neuerdings ohne Leine allein bleiben und kommt auch nicht mehr auf dumme Gedanken.

Die nächste Übung betrifft das Warten im Auto. Nach einem wiederholten Diebstahl des Displays und des CD-Spielers hatten wir eine Alarmanlage einbauen lassen. Eine teure Alarmanlage, die auf Geräusche und Vibrationen reagiert. Einmal wurde sie von einem heftigen Platzregen ausgelöst. Schnell wissen wir: Wenn der Hund im Auto zu bellen beginnt, beginnt auch die Sirene zu schreien. Also können wir das Auto nicht verschließen, wenn der Hund drin ist. Er bellt zwar immer noch, aber der Alarm löst nicht aus. Ganz wohl ist uns nicht dabei, das Fahrzeug unverschlossen auf einem belebten Supermarktparkplatz stehen zu lassen. Ich habe Sorge, dass jemand den süßen kleinen Hund einfach herausnehmen könnte. Tamara ist mit jeder Form von Nahrung leicht gefügig zu machen. Durch ihr Bellen wird man schnell auf sie aufmerksam. Der Hund versteht noch nicht, dass das Warten im Auto nichts anderes ist als das Warten zuhause. Und was werden wir erst im Sommer machen, wenn sich die Temperatur im Auto in kürzester Zeit aufheizt? Den Wagen nicht zu verschließen, ist eine Sache. Aber dann auch noch die Fenster zu öffnen, könnten Diebe als freundliche Einladung verstehen, Auto oder Hund oder beides schnell und bequem an sich zu bringen.

Unser Trainingsprogramm beginnt also von vorn. Einer von uns geht zum Einkaufen, der andere versteckt sich ein paar Minuten lang hinter dem Anbau mit den Einkaufswagen und kehrt dann zum Hund zurück. Beim ersten Mal nach drei Minuten, dann nach vier Minuten. Irgendwann hat Tamara die Zusammenhänge verstanden. Oder sie hat aufgegeben, gegen unsere Abwesenheit zu rebellieren. Das Ergebnis ist das gleiche. Wir hoffen, dass wir uns in den kommenden Wochen und Monaten an mehrere Stunden herantasten können, in denen der Hund zuhause allein bleibt. Dann wären auch wieder Besuche bei Freunden möglich, zu denen wir den Hund nicht mitnehmen können. Oder ein Kinobesuch. Ein Thriller oder wenigstens ein französischer Liebesfilm. Wenn es sein muss, würde ich sogar in eine Filmkomödie mitkommen, in der es um einen besonders klugen Hund geht.

7

Der Hund bleibt hier. Punkt

Dass man als Elternpaar gelegentlich verschiedene Auffassungen darüber hat, was für die gemeinsamen Kinder gut und nützlich, hilfreich, zielführend oder förderlich sein könnte und was nicht, gehört wohl zum Familienalltag. Auch meine Frau und ich hatten immer wieder mal Meinungsverschiedenheiten in pädagogischen Fragen. Überraschend für mich war jedoch die Erkenntnis, dass auch ein Haustier genügend Anlass für diesbezüglichen Beziehungsstress bieten kann.

Wir gehen nicht oft auf Trödelmärkte, manchmal aber doch. Es war ein schöner warmer Tag im Juni, ein Samstag ohne weitere Termine und Verbindlichkeiten. Ich wollte nichts kaufen, einfach nur mal das Flair genießen, in Ruhe zwischen den Ständen herumwandeln, vielleicht eine Bratwurst essen und alte Werkzeuge, Schallplatten, Kleinkunsterzeugnisse und Sammlerstücke anschauen.

In der Regel bin ich der Erste, der das Haus verlässt. Dann warte ich eine ganze Weile am Gartenzaun, weil meiner Frau immer noch im letzten Moment irgendetwas einfällt, was schnell noch zu erledigen ist, und sei es auch nur ein Gang auf die Toilette.

Als sie an diesem Tag endlich die Tür hinter sich zuzog, bemerkte ich, dass sie Tamara an der Leine hatte.

„Was soll denn der Hund auf dem Trödelmarkt?“, fragte ich erstaunt.

„Ich möchte Tamara nicht allein zuhause lassen“, erklärte meine Frau.

„Das Gewimmel dort wird sie nervös machen“, argumentierte ich. „Gewimmel, Gewimmel“, repetierte meine Frau und machte nicht die geringsten Anstalten, das Haustier wieder zurückzubringen.

Der Gedanke, den Hund zwischen all den fremden Füßen und Verkaufstischbeinen herumzerren zu müssen und nicht mehr ungestört auf die Waren schauen zu können, vermieste mir die Vorfreude auf den Marktbesuch. Außerdem konnte das kleine Hündchen von unachtsamen Besuchern getreten werden. Ich wollte auch nicht riskieren, dass durch Hund, Leine oder beides zusammen irgendetwas umgerissen wurde oder womöglich ein Schaden entstand. Kurzum: Einen Trödelmarktbesuch zusammen mit einem jungen und unternehmungslustigen Tier zu machen, fand ich keine gute Idee.

„Dann gehen wir lieber ein anderes Mal“, sagte ich.

„Du hast dich doch auf den Flohmarkt gefreut!“, erinnerte mich meine Frau.

„Bis jetzt schon“, entgegnete ich, „aber da war noch keine Rede vom Hund!“

Völlig unbeeindruckt von meinen Bedenken liefen Frau und Tier an mir vorbei zum Auto. Schon war die Beifahrertür geöffnet, und der Hund sprang in den ihm zugewiesenen Fußraum. Ich versuchte es noch einmal argumentativ:

„Vielleicht ist es gar nicht schlecht für Tamara, auch einmal für zwei, drei Stunden allein zu bleiben.“

Meine Frau widerspricht:

„Das längste bisher waren zwanzig Minuten. Der Hund braucht sein Rudel und kann nur schrittweise ans Alleinsein gewöhnt werden."

„Glaubst du, Tamara bemerkt den Unterschied zwischen zwanzig Minuten und zwei Stunden?" Meine Frage war rhetorisch, und die Antwort konnte eigentlich nur ein Nein sein. Meine Frau schien das jedoch anders zu sehen.

„Es ist eine Frage des Respekts gegenüber dem Tier", sagte sie, „und auch gegenüber mir. Ich möchte den Hund gern dabeihaben!"

Jetzt platzte mir der Kragen.

„Der Hund bleibt hier. Punkt", sagte ich. Die gebieterische Ansage erschreckte mich selbst ein wenig. Meine Frau stand noch neben dem Wagen und drehte sich zu mir um.

„Vielleicht möchtest du lieber alleine fahren?", sagte sie.

„Nein", entgegnete ich und zwang mich zu mehr Gelassenheit, „ich möchte den Tag mit dir verbringen, aber ich möchte auch nicht ständig auf den Hund aufpassen müssen."

„Du musst dich um nichts kümmern", sagte Madame, „ich nehme den Hund, und du kannst ohne jede Belastung tun und lassen, was du möchtest."

„Für einen Hund ist der Trödelmarkt nichts. Wer weiß, was er unbemerkt zu fassen bekommt und runterschluckt, und wer weiß, wer ihm alles auf die Pfoten tritt."

„Ja, geht es nun um dich oder um den Hund?"

„Um uns beide. Um den Hund UND um mich!"

Wir stiegen in den Wagen und vermieden einen weiteren Austausch zu diesem Thema. Interessanterweise schien der Hund die Missstimmung zu bemerken. Anders als bei den bisherigen Autoausflügen lag Tamara nicht entspannt zwischen den Füßen meiner Frau, sondern saß aufrecht da und schaute abwechselnd zu ihr und zu mir.

„Sie ist sehr sensibel", sagte meine Frau, als sie bemerkte, dass ich immer wieder zum Hund hinunterblickte. Mussten wir nun aus Gründen der Psychohygiene unseres Haustieres alle Meinungsverschiedenheiten umgehen und jeden Ärger still in uns hineinfressen?

Auf dem Trödelmarkt war die Hölle los. Das schöne Wetter hatte Einheimische und Touristen angelockt. Gleich am Eingang des Marktes stand ein Mülleimer, der bereits jetzt am Vormittag überquoll. Schon drängte es unseren sensiblen Beagle zum Abfall, damit er sich die heruntergefallenen Dinge genauer anschauen konnte. Er schnappte irgendeine fleischfarbene Fundsache und verschlang sie.

„Nein! Pfui!", rief meine Frau und zog Tamara zurück. Das gefiel ihr nicht, denn sie vermutete oder witterte weitere Leckerbissen zwischen dem Unrat. Der Hund zog an der einen Seite der Leine, meine Frau an der anderen. Sie setzte sich durch.

Obwohl ich versucht war, „Siehst du?" zu sagen, blieb ich still. Während ich meine Aufmerksamkeit zunehmend auf die Dinge auf den Verkaufstischen konzentrierte, schnüffelte sich Tamara durch die Tischbeine und Menschenfüße. Ihre Nase blieb, wie ein fünftes Bein, immer ganz dicht überm Boden. Ihr Sensor für Gerüche war nur Bruchteile von Millimetern vom Pflaster entfernt, was beim zügigen Vorwärtskommen immerhin eine enorme motorische Leistung war, wie ich fand. Gelegentlich blieb sie stehen und inhalierte die Spuren intensiver. Nur selten schaute sie nach oben zu uns und schien den Markt auf ihre Weise interessant zu finden. Ich entdeckte einen Stand mit alten Werkzeugen.

Als ich gerade einen hölzernen Hobel in die Hand nahm, begann hinter mir ein Kind zu kreischen. Zwei Eltern, ihr weinender Dreijähriger, meine Frau und Tamara waren in einen Zwischenfall verwickelt, den ich verpasst hatte. Meine Frau fingerte ein Stück Eiswaffel aus dem Maul unseres Hundes. Der kleine Junge hatte sie eben noch in der Hand gehalten. Im Vorbeigehen hatte Tamara einfach nach dem Dessert in Schnauzenhöhe geschnappt. Nett von diesem Kind, ihr so etwas Feines anzubieten! Wir hatten Sorge, dass die Finger des Jungen bei dem Raubzug verletzt worden sein könnten. Doch der weinte offensichtlich nur vor Schreck und weil ihm das schöne Eis abhandengekommen war. Die Eltern reagierten zu meiner Überraschung sehr verständnisvoll auf unseren jungen Hund und streichelten ihn sogar. Nachdem wir eine neue Eiswaffel spendiert hatten, war auch der kleine Junge wieder zufrieden.

„Vielleicht hattest du doch recht mit dem Hund“, sagte meine Frau und küsste mich. Es war eine ihrer bewundernswerten Stärken, einen zurückliegenden Irrtum später eingestehen zu können.

„Nun ja“, sprach ich wohlwollend, „wir müssen eben auch erst mal unsere Erfahrungen machen!“

Dann ging ich zurück zum Tisch mit den Werkzeugen und begann mit der Begutachtung des Hobels. Der Verkäufer war ein älterer Herr mit Weste und Mütze. Ein ehemaliger Tischler aus Brandenburg, wie er mir erzählte. Mit allen Werkzeugen hier hatte er persönlich gearbeitet, bevor er vor ein paar Monaten mit der Auflösung seiner Werkstatt begonnen hatte. Seine zwei Söhne hatten kein Interesse am Handwerk, einer von ihnen studierte Wirtschaft in England, der andere lebte mit seiner Familie in Bayern.

„So sind sie, die Kinder“, sagte ich. Weiter kamen wir mit unserer Unterhaltung nicht. Meine Frau riss mich zu sich herum.

„Tamara ist weg!“ Unser Hund hatte wieder mal eine Lederleine durchgebissen, während meine Frau an einem Stand mit Seidentüchern ins Schwärmen geraten war. Nun wurde ich auch nervös. Den Hund zu finden, schien mir fast hoffnungslos bei dem Lärm und dem Gewusel auf dem Markt. Wir teilten uns auf, jeder ging in eine Richtung. Wir riefen immer wieder nach dem Tier, schauten unter die Tische und fragten die Verkäufer nach einem kleinen herrenlosen Beagle. Zwischendurch telefonierten wir miteinander und tauschten unsere Positionen aus. Was war zu tun? Die Gefahrenlage war nicht unerheblich: Der Trödelmarkt lag direkt an einer sechsspurigen Hauptverkehrsader. Für ein junges und unerfahrenes Tier wie Tamara würde es unmöglich sein, sie ohne Folgen zu überqueren. Und für jeden Hundedieb wäre es ein Klacks, den kleinen und neugierigen Welpen zu sich zu locken, ihn aufzunehmen, zu behalten oder gleich im Kofferraum eines bereitstehenden Fahrzeuges verschwinden zu lassen. Vielleicht würde Tamara nun schon bald in einem winzigen Zwinger eingesperrt und misshandelt werden. Hatte es Sinn, die Polizei einzuschalten? Der Mikrochip unter ihrem Fell half im Augenblick auch nicht weiter, und so fürchtete ich, je länger die Suche dauerte, das Tier womöglich nie wiederzusehen. Es war zum Verzweifeln! Sosehr ich früher jede Art von Hund abgelehnt hätte, so sehr bangte ich jetzt um das kleine Ding. Wir hatten den Trödelmarkt schon einmal umrundet, da bemerkte ich eine heftig winkende Frau. Als ich näherkam, stellte ich fest, dass ihr Winken offenbar mir galt. Es war die Mutter des kleinen Eisjungen. Tamara saß brav vor den Füßen ihres Mannes, der den Jungen mit unserer neuen Eistüte auf seine hundesicheren Schultern gehoben hatte. Es war nicht zu glauben: Unser Hund hatte sich die Futterquelle eingeprägt und war ihr gefolgt. Ich rief meine Frau an und war maßlos erleichtert, als wir wieder zu dritt waren.

„Fein!“, lobten wir den kleinen Beagle, weil er so brav auf der Stelle saß und wir die durchgebissenen Leinenteile wieder aneinanderknoten konnten.

Nach diesem Vorfall brachen wir den Flohmarktbesuch früher ab als geplant. Ohne Bratwurst und ohne Hobel, aber um mindestens eine Erfahrung reicher: Ein junger Hund hat auf einem Trödelmarkt nichts zu suchen. Das nächste Mal bleibt er zuhause. Punkt.

8

In der Hundeschule

Wir blieben trotz der Vorbehalte des Trainers bei „Tamara“ und bemerkten, dass es auch andere Hundebesitzer auf dem Übungsplatz gab, die sich nicht an die Zwei-Silben-Empfehlung gehalten hatten. Ihre Tiere hießen Hamilton, Jonathan, Wendelin und Charlotte. Sie alle waren zum ersten Mal in ihrem Leben Hundebesitzer und an diesem Sonnabendvormittag auch zum ersten Mal zum Trainingsplatz gekommen. Einen Hundekurs besucht man übrigens nur einmal – ähnlich wie den Wickelkurs beim ersten Kind.

Tamara machte es offensichtlich Freude, den vielen anderen Hunden zu begegnen. Zuerst gab es ein Warm-up. Während sich die Tiere miteinander bekannt machten, überall herumschnupperten und das Grundstück erkundeten, beobachtete der Hundetrainer sie genau. Wahrscheinlich hatte er genügend Erfahrungen, um sich in kurzer Zeit einen ersten Eindruck von den Tieren und ihren Besitzern zu machen. Manche Herrchen und Frauchen gerieten in helle Aufregung, wenn ihr Tier von einem anderen dominiert wurde und sich freiwillig auf den Rücken warf. Der Trainer beruhigte sie und erklärte ihnen, dass die Hunde das ganz prima unter sich regelten. Da brauche man nicht einzugreifen, und außerdem habe er alles im Blick.

Nach einer Viertelstunde wurden die Hunde angeleint. Nun mussten sie, einer nach dem anderen, mit einem entsprechenden Kommando neben dem Fuß ihres Besitzers „Sitz“ machen. Einige Hundebesitzer hatten das wohl schon trainiert, und es klappte auf Anhieb. Wahrscheinlich sind es Leute, die auch ihren Kindern schon vor der ersten Klasse das Rechnen und Lesen beibringen. Andere Hunde nahmen die Sitzposition mehr oder weniger zufällig ein, manche auch erst nach leichtem Herunterdrücken ihres Hinterteils. Hunde, die wunschgemäß saßen, bekamen sofort eine Belohnung. In einem Eimer hatte der Hundeprofi dafür ein Depot mit Leckerchen bereitgestellt. Ich hatte gleich eine ganze Handvoll in meine Jackentasche gesteckt. Kurz darauf bemerkte ich aber, dass die unscheinbaren Belohnungen einen grauenhaften Geruch absonderten. Offenbar waren in den Krümeln die schlimmsten Schlachtabfälle, Fischmehl und andere Scheußlichkeiten verpresst worden. Nun stank meine Jacke danach und musste umgehend in die Reinigung gebracht werden.

Viele Hundebesitzer waren schwer beeindruckt vom Programm des Hundeexperten. Befolgten ihre Tiere eine Anweisung, waren sie so begeistert wie junge Eltern beim ersten Vorspielabend der Volkshochschul-Klavierklasse ihrer mittelmäßig begabten Kinder. Und sie machten Fotos. Sehr viele Fotos. Schon beim zweiten Treffen wurde eine Whatsapp-Hundetrainingsplatz-Gruppe eingerichtet, so dass wir nun nach jeder Unterrichtseinheit Hunderte Bilder und Videos bekamen von all den Hunden, von vorn und hinten, einzeln oder in Gruppen, als Standbilder oder als Videosequenz. Die Bilder wurden von den Empfängern x-mal kommentiert oder wenigstens geliked und mit anderen Bildern und Videos beantwortet. Bald stellte ich den Signalton ab, da es das ganze

Wochenende lang bimmelte und piepte und ich kaum zu etwas anderem kam, als die vielen Welpennachrichten zu öffnen, zu lesen und zu löschen.

Tamara lernte schnell. Beagles sind allerdings mehr bekannt für ihren niemals endenden Appetit. Anders als ein paar Mitschüler unseres Hundes, die jedes Leckerli dankend ablehnten, fraß unser Tier so gut wie alles, völlig unabhängig davon, wie schlimm es aussah oder roch. Schon machten sich die ersten Leute lustig über Tamaras Interesse am Futter. Hatten wir die Auswahl dieses Hundes vielleicht doch etwas voreilig getroffen?

Von Woche zu Woche wurden die Aufgaben auf dem Übungsplatz anspruchsvoller und erforderten zunehmend auch unsere Geduld. Dabei zeigte sich, dass Tamara den Erwartungen des Trainers durchaus gerecht werden konnte, das aber nur tat, solange es nichts Besseres zu tun gab. Während andere Hunde ruhig blieben, wenn sie nicht an der Reihe waren, behielt Tamara genau im Blick, mit wem sich der Trainer gerade beschäftigte und ob er am Ende der Aufgabe ein Leckerchen herausrückte. Dann sprang sie sofort auf die Hinterbeine und wollte dabei sein. Mehr als einmal gelang ihr die Flucht mit Leine, und dann raste sie direkt zur identifizierten Futterquelle, wo sie aber leer ausging, denn der Hundeexperte wollte ihr eigenwilliges Verhalten nicht noch belohnen. Nachdem das ein paarmal passiert war, wechselte Tamara ihre Strategie und lief, wenn sie wieder einmal entwischen konnte, direkt zum Eimer, in dem der Trainer seine Belohnungen aufbewahrte, und verschwand so lange mit dem Kopf darin, bis wir sie wieder sanft daraus zurückzogen.

Wenn wir die Lehrprogrammeinheiten auf unseren täglichen Gassirunden wiederholen wollten und die Leckerchen vergessen hatten, reagierte Tamara aus Trotz kaum noch auf die Befehle, die sie auf dem Trainingsplatz eigentlich recht schnell erlernt hatte. Der Hund war eindeutig schwer erziehbar und dazu noch ausgesprochen stur. Auch das hätten wir mit etwas mehr Literaturrecherche wissen können.

Nachdem unser Beagle die zehn vorgesehenen Termine in der Anfängerklasse seiner Hundeschule erledigt hatte, hoffte ich auf eine schnelle Auflösung des Klassenverbandes. Doch schon wurden wir von anderen Hundebesitzern angesprochen, ob wir nicht an weiteren gelegentlichen Treffen mit den Hunden interessiert seien. Locker, ganz locker natürlich, mal hier, mal dort, vielleicht auch mal im einen oder anderen Garten. Solche Impulse kannte ich noch gut aus dem Krabbelkreis unseres ersten Sohnes. Kaum war das offizielle Programm beendet, sollte es auf privater Basis weitergehen. Am Anfang sind alle begeistert, dann werden die Besuche seltener, die Zahl der Beteiligten ist rückläufig, und spätestens nach einem Jahr kann man sich nicht mal mehr an alle Namen erinnern.

„Eigentlich nicht", wäre meine Antwort gewesen, hätte meine Frau nicht schneller reagiert. Zu allem Überfluss lud sie die Frauchen und Herrchen mit ihren Tieren in unseren Garten ein. Der war eingezäunt und einigermaßen übersichtlich. Ich blickte dem bevorstehenden Besuch ausgesprochen skeptisch entgegen. Zu Recht, wie sich schnell zeigte. Denn kaum von den Leinen ihrer Besitzer gelassen, markierten die drei anwesenden Rüden augenblicklich Büsche, Bäume und Gartenmöbel. Die drei Hündinnen pinkelten nahezu flächendeckend auf den Rasen, so dass er schon am kommenden Tag mit Dutzenden gelber Flecke bedeckt war. Mit viel Geduld hatten wir Tamara beigebracht, ihre Geschäfte nur außerhalb unseres Gartens zu verrichten!

Wendelin, ein grauer Weimaraner mit stechend blauen Augen, hatte unseren Gartenteich entdeckt, trampelte über die sorgsam angelegte Uferbepflanzung und riss beim Eintauchen in das Gewässer noch einen schönen rötlichen Granitstein mit in die Tiefe. Kaum sah das der anwesende Rauhaardackel, platschte er auf der anderen Seite des Teiches ins Wasser und trieb die Goldfische vor sich her, und ein etwas tollpatschiger Golden Retriever nietete in der Flachwasserzone, in die sich die Goldfische gerettet hatten, die Rohrkolben um. Tamara lag irgendwo im Gras, schaute sich alles an und nagte an einer Kaustange aus eingedrehter Pferdehaut. An Wasser war sie nicht interessiert. Ich schaute ratlos zu meiner Frau, doch die übersah die Verwüstung unseres Feuchtbiotops offenbar. Außer mir und den Goldfischen hatten anscheinend alle hier Spaß.

Nach eineinhalb Stunden war der Angriff auf unseren eigentlich sehr gepflegten Garten beendet. Ich sammelte Kothaufen ein, richtete das Teichufer wieder her und war mir sicher, mich in Zukunft von weiteren Events dieser Art fernzuhalten.

Gegenüber anderen Hunden verhielt sich Tamara übrigens sehr unterschiedlich. Mal hatte sie Interesse an einem fremden Tier, mal ignorierte sie es nach einer kurzen Überprüfung. Vielleicht ist es bei Hunden ähnlich wie bei Menschen. Manche findet man spontan sympathisch, andere eben nicht.

Auf einem unserer Spaziergänge trafen wir Ole, einen männlichen Beagle. Während wir uns mit seinen Besitzern über die Tiere unterhielten, rannten die Hunde gemeinsam durch den Wald. Wenn einer von ihnen irgendwo stehen blieb und besonders intensiv am Boden schnupperte, kam der andere sofort dazu, um nichts zu verpassen. So machten wir eine längere Runde und tauschten am Ende unsere Telefonnummern aus, damit wir uns irgendwann zu einem neuen Spaziergang mit den Beagle-Hunden verabreden konnten. Das war der Beginn einer langen Beziehung. Ines und Georg gehörten bald zu unserem Freundeskreis, wobei sich die Frauen weitaus häufiger verabredeten und Spaziergänge machten als wir Männer.

Einmal kam es bei einem Treffen von Ines und meiner Frau bei Tee und Apfelkuchen zu einem folgenschweren Plan.

„Ole und Tamara sollen Kinder bekommen", erklärte mir meine Frau am Abend ihres Gedankenaustausches, als ich nach einem langen Arbeitstag etwas erschöpft das Haus betrat.

„Warum?", fragte ich gleichermaßen überrascht und alarmiert.

„Weil es gut für eine Hündin ist, einmal in ihrem Leben gedeckt zu werden und Welpen zu haben. Es verringert auch ihr Risiko für Brustkrebs."

„Dafür erhöht es meines für einen Herzinfarkt", entfuhr es mir.

Meine Frau erkannte schnell, dass der Zeitpunkt zur Erörterung ihrer Vermehrungsidee ungünstig war, und wechselte das Thema.

In der Nacht träumte ich von einer riesigen, fremden Hündin, die in unserem Wohnzimmer Löcher ins Parkett kratzte und kleine Hefeklöße darin ablegte, die nach Zimt und Vanille rochen.

9

Wenn der Hund zum Arzt muss

Nach und nach spielte sich unsere neue Hausgemeinschaft gut ein. Da bald eine Nachimpfung anstand, erkundigte sich meine Frau bei ihren regelmäßigen Hundebegegnungen nach den verschiedenen örtlichen Tierarztpraxen, und so führten die Gespräche auch immer schnell zu Hundekrankheiten. Drei Hunde in unserer Nachbarschaft hatten Herzerkrankungen, die regelmäßige Arztbesuche und die dauerhafte Verabreichung teurer Medikamente nötig machten. War das einfach nur Zufall, oder konnten die Herzprobleme mit dem örtlichen Trinkwasser oder toxischen Besonderheiten des kleinen Wäldchens zusammenhängen, in dem die Hunde oft frei herumliefen und alles Mögliche in die Schnauze nahmen?

Vor dem ersten Vorstellungs- und Wiederholungsimpftermin beim Tierarzt waren wir beide etwas aufgeregt. Eine junge Frau am Tresen nahm Tamaras Daten auf und bat uns, im Wartezimmer Platz zu nehmen. Die dort Sitzenden hatten sich mit dem größtmöglichen Abstand niedergelassen. Ein junges Mädchen schaute gelegentlich durch einen Schlitz in der Pappkiste auf ihrem Schoß. Am Fenster saß ein Mann mit einem schlanken Boxer, und auf der Stuhlreihe gegenüber wartete eine Frau mit einem kleinen weißen Hund, der vielleicht ein Malteser war, vielleicht aber auch nicht. Wir setzten uns neben das Mädchen mit dem Karton. Was sich wohl in dem Behälter verbarg? Das Tier gab weder Laute von sich, noch machte es Geräusche. Es pickte oder schabte nicht an den Kartonwänden herum, und man hörte es auch nicht tappeln.

Tamara interessierte sich für den gutaussehenden Boxer und drängte in seine Richtung. Auch der Boxer schien an einer Kontaktaufnahme interessiert, denn er wedelte heftig mit seiner Rute und machte einen Schritt auf unseren Beagle zu. Als sein Besitzer die Absicht seines Tieres bemerkte, zog er den Hund energisch auf die andere, uns abgewandte Seite seiner Beine, wo er ihn aufforderte, sich niederzulassen. Tamara zog weiter an der Leine und wedelte ihrerseits mit dem Schwanz.

„Was hat denn der kleine Hund?", fragte das Kartonmädchen meine Frau.

„Sie bekommt heute eine Spritze. Eine Impfung."

„Und wie heißt euer Hund?", fragte das Kind.

„Tamara."

„Tamara? Das ist lustig. Ich heiße Mara."

„Ja", sagte meine Frau, „das ist ja wirklich ein Zufall. Und wen hast du da mitgebracht, Mara?"

Das Mädchen klappte den Kartondeckel ein Stück nach oben. Schon schaute der Kopf einer Ente heraus. Tamara bemerkte den Vogel augenblicklich und machte einen plötzlichen Satz. Ihre Vorderpfoten landeten auf den Knien des Mädchens, ihr Kopf war nun keine zwanzig Zentimeter vom vergleichsweise winzigen Entenkopf entfernt. Das beunruhigte den Vogel, und nun ging alles sehr schnell: Das Mädchen schrie, meine Frau zog den Hund zurück, die Ente strampelte sich in Todesangst aus dem Karton frei und rannte mit aufgeregten Flügelschlägen hinter den Anmeldetresen.

Jetzt sprang auch der Boxer auf, wurde aber von seinem Besitzer erneut und energisch zum Platzmachen aufgefordert. Gott sei Dank reagierte die Sprechstundenhilfe schnell und fing den aufgebrachten Vogel mit einem routinierten Griff ein. Sie setzte die Ente in ihren Karton zurück, und schnell wurde das Pappbehältnis wieder zugemacht. Der Herr mit dem Boxer schaute uns missbilligend an.

„Hier kann man ja was erleben!", sagte die Dame mit dem Malteser, der vielleicht keiner war.

„Kann deine Ente nicht fliegen?", fragte ich das Mädchen, um es etwas von seinem Schreck abzulenken.

Mara lachte, und dann erzählte sie uns, dass die Ente eine Laufente sei, ein Vogel, der nicht fliegen könne, und dazu noch ein Erpel. Heinrich mit Namen.

„Und was hat Heinrich?"

„Er frisst seit gestern nicht mehr!"

„Na, da kann der Doktor bestimmt helfen", ahnte meine Frau.

Nach den zwei Hunden war die Laufente dran. Die Konsultation dauerte nicht lange, und das Mädchen kam ganz vergnügt aus dem Sprechzimmer zurück.

Herr Dr. Dr. Weber, der Tierarzt, ein bodenständig wirkender Mann mit Glatze und Vollbart, betastete unsere Hündin Tamara von allen Seiten, schaute ihr ins Maul und mit einem Spiegel in die Ohren. Es war ein bisschen wie bei einer Aufnahmeprüfung – wollten wir doch gern hören, dass Tamara gut entwickelt und völlig gesund sei.

Nachdem der Doktor auch nach Tamaras Fress-, Spiel-, Schlaf- und Verdauungsgewohnheiten gefragt hatte, nahm er sein Stethoskop zur Hand und horchte den kleinen Hund ab. Dann machte er ein ernstes Gesicht.

„Ich höre ein leichtes Herzgeräusch“, sagte Dr. Dr. Weber und lauschte noch einmal konzentriert auf die Geräusche in seinem Gerät. Meine Frau und ich sahen uns etwas besorgt an. Schließlich legte der Doktor das Stethoskop wieder ab.

„Sie müssen sich keine Sorgen machen“, meinte er, „es ist nur ein ganz leichtes Geräusch, kaum hörbar, aber eben doch da. Wir müssen das im Auge behalten. Für mich macht der Hund sonst einen vitalen und guten Eindruck. Wollen wir ihn jetzt impfen?“

Die Spritze in seiner Hand war mir unsympathisch. Warum hat man nicht längst Mittel erfunden, die man als Tablette oder Gel verabreichen kann – ohne einen gewaltsamen Einstich? Tamara fiepte noch nicht einmal, als die spitze Nadel in die Hautfalte fuhr, die sich der Arzt gegriffen und zwischen zwei Finger geklemmt hatte. Wahrscheinlich war ihre Aufregung größer als der Nadelstich in die Haut.

Bezahlen mussten wir den Arztbesuch gleich vorn an der Rezeption. Allgemeine Untersuchung mit Gehörgangskontrolle, Zahnstatus, Impfung, Diagnose Herzfehler plus Aufklärung – macht 173 Euro. Ist es ein Zufall, dass am Einsatzwagen des Doppeldoktors die Sticker eines Golf- und eines Segelclubs kleben?

Natürlich machten wir uns nun Sorgen, und natürlich griff meine Frau, die eine Ärztin für menschliche Patienten ist, zuhause gleich zu ihrem eigenen Abhörgerät.

„Ich höre nichts Unauffälliges“, sagte sie nach einer ganzen Weile. Sie hatte zu diesem Zeitpunkt zwar noch nie einen tierischen Herzschlag belauscht, aber doch immerhin Tausende menschliche.

„Ganz normal, ganz regelmäßig“, sagte sie noch, „ich weiß nicht, was er da gehört haben will!“

Als meine Frau bei den Spaziergängen in den folgenden Wochen die Geschichte mit anderen Hundebesitzern aus dem Kiez ansprach, stellte sich heraus, dass alle Hundebesitzer mit herzkranken Tieren in die gleiche Praxis gingen. Eine Dame mit Kleinhund dackelte seit Jahren alle drei Monate zur Kontrolle, verabreichte dem Tier täglich ein teures Medikament und meinte, dessen hohes Alter von siebzehn Jahren sei allein auf die außerordentlich gute medizinische Betreuung von Dr. Dr. Weber zurückzuführen. Er sei einfach ein guter Herzspezialist!

Wir wechselten den Tierarzt. Beim ersten Termin in der neuen Praxis schmunzelte die Doktorin, als wir ihr die Geschichte von den Herzgeräuschen erzählten. Klar: Wenn etwas mit dem Zentralorgan des geliebten Tieres nicht stimmt, unternimmt man alles, um vermeintlich Schlimmeres zu vermeiden. Vom gleichen Doktor hörten wir später noch, dass er grundsätzlich alle weiblichen Tiere kastrierte und dies mit der Gefahr von Brustkrebs und unbequemen Scheinschwangerschaften begründete. Unsere neue Tierärztin sah das anders. Für sie kam eine Kastration nur dann infrage, wenn es eine entsprechende medizinische Notwendigkeit dafür gab. Alles andere sei nicht nur ethisch fragwürdig, sondern sogar schlicht verboten. Meine Frau gab ihr recht. Wenn man anfinge, alle Organe zu entfernen, in denen sich Krebs entwickeln könnte, würde vom Organismus nicht mehr viel übrigbleiben.

Nun also war unsere Tamara in guten Händen. In den kommenden Monaten wurde sie erwartungsgemäß größer, hatte schöne Proportionen, war lustig und sah fast genauso aus wie der Beagle, der uns auf der Messe inspiriert hatte.

10

Ferien mit Hund

Wenn wir Urlaub machen, fahren wir gern in die Berge. Wir waren uns einig, dass Tamara in jedem Fall dabei sein sollte. Auch ich wollte das, denn inzwischen gehörte das kleine Tier zu meinem Alltag, und in der Urlaubszeit konnten wir viele Spaziergänge gemeinsam machen und Neues entdecken, was im übrigen Jahr oft zu kurz kam. Andere Leute bringen ihre Tiere während der Reisezeit in eine Hundepension. So etwas gibt es inzwischen, und man staunt nicht schlecht, was den Tieren dort alles geboten wird. Ein alleinstehender Herr, den wir bei den Spaziergängen kennengelernt hatten, zahlte pro Tag sechzig Euro für ein derartiges Etablissement und schwärmte vom Agility- und Wellnessprogramm, an dem sein Labrador dort teilnehmen konnte. Der Hund lebte natürlich in einem Einzelzimmer mit Blick in den Garten. Die weiteren Leistungen neben Stubenservice und Fütterung: vier Stunden täglich im Auslaufbereich, dazu noch zwei Waldspaziergänge, einmal wöchentlich ein Spaßbad mit anderen Hunden und eine anschließende Fellpflege sowie eine Wohlfühlmassage von ausgebildeten Hundephysiotherapeuten als Premiumbonus für Tiere, die mindestens zwei Wochen lang blieben. Die Wellnessszene macht also auch vor Haustieren nicht halt. Vielleicht kommt bald noch jemand auf die Idee, Mutter-

Kind-Kuren für Hündinnen und ihre Welpen anzubieten, mit Klangschalenbehandlungen, Schnurrhaarwaxing und Gesichtsmasken aus hauchfein geschnittenem Rinderfilet.

Zurück zur Ferienplanung. Auch wenn eine Reise mit Tier anders geplant werden muss und vielleicht auch etwas umständlicher ist, hat sie doch ganz besondere Reize. Ähnlich wie beim Urlaub mit Kindern ist es eine intensive Zeit im Familienverband und größtenteils von Entspannung, Ruhe und schönen Erlebnissen geprägt.

Im Internet gibt es verschiedene Portale zur Vermittlung von Ferienunterkünften, in denen Hunde erlaubt und willkommen sind. Die Auswahl ist überraschend groß. Wir entschieden uns für die Pension „Maria", die etwas abseits des nächstgrößeren Ortes mitten im Salzburger Land lag, und bekamen innerhalb weniger Stunden eine Zusage für den angefragten Zeitraum. Für den Hund waren zehn Euro pro Tag zu entrichten. Dafür gab es im Gästezimmer auch ein Hundekörbchen und ein Begrüßungspaket mit ein paar Knabbereien, einer leichten Wolldecke, einem Fressnäpfchen und einer frischen Rolle mit Sammelbeuteln für die Hundehaufen.

Wir hatten uns bewusst für eine Reise ohne Auto entschieden und fuhren mit der Bahn zu unserem Ziel. Der Betreiber der Pension holte uns vom Bahnhof ab und gab uns auf dem Weg zur Unterkunft ein paar Informationen für die bevorstehenden drei Wochen: Öffnungszeiten des Waldschwimmbades und des Badeteichs für Hunde, Haltezeiten des lokalen Busses, nahe Einkaufsmöglichkeiten. Tamara redete er immer wieder mit Namen an und versprach auch ihr einen rundum schönen Urlaub. Wir waren zufrieden mit unserer Wahl. Schon tauchten wir ein in die Bergwelt mit ihren kahlen Gipfeln, üppig bewachsenen Tälern, glasklaren Flüsschen und saftigen Wiesen- und Weideflächen.

In der Pension residierte schon ein großer Bernhardiner mit seiner Familie. Tamara und er beschnüffelten sich kurz, nahmen dann aber keine weitere Notiz mehr voneinander – jedenfalls nicht so, dass wir etwas davon mitbekamen. Der riesige Hund lag oft auf einer Decke im Garten, und wenn wir an ihm vorbeigingen, peitschte er im Liegen kurz mit dem Schwanz, und damit waren alle Förmlichkeiten erledigt. Seine Menschen nahmen ihn auf längere Wanderungen nicht mehr mit, weil er zu alt dafür war. Dann lag er im Gras und wartete geduldig.

Unsere erste Unternehmung war eine leichte Bergtour – wir wollten es langsam angehen. Hinauf nahmen wir den Sessellift, um dann gemütlich zweieinhalb Stunden lang bergab zu laufen. Tamara saß bei der Fahrt ruhig auf meinem Schoß, freute sich aber auch, als sie an der Bergstation wieder auf den Boden gesetzt wurde. Der Weg führte wegen des Weideviehs im Gelände mehrfach an hölzerne Gatter, die zu übersteigen waren, und Querungen aus groben Metallrosten, die von den Tieren nicht passiert wurden. Auf einer großen Wiese stand, vielleicht fünfzig Meter von uns entfernt, neben einem Bauernhaus ein kleines Pony. Vielleicht war es auch ein besonders kleines Pferd – ich verstehe nicht viel von diesen Tieren. Hund und Pferd wurden gleich aufeinander aufmerksam. Während Tamara auf der Stelle stehen blieb und das Pony genau beobachtete, setzte sich dieses, kaum dass es uns gesehen hatte, in Bewegung und kam zu uns. Tamara hatte bis zu diesem Zeitpunkt noch nie Kontakt mit einem Huftier gehabt, und so dachte ich, dass die Begegnung auf der Wiese vielleicht eine willkommene

Abwechslung für sie sei. Wir blieben also stehen und waren gespannt auf das Zusammentreffen der ungleichen Tiere. Doch Tamara reagierte zurückhaltend und versteckte sich sogar hinter uns. Die Ponystute gab nicht so schnell auf und versuchte ihr zu folgen. Meine Frau und ich standen in der Mitte des Weges und wurden nun in immer enger werdenden Kreisen von einem neugierigen Pferd und einem etwas hasenfüßigen Beagle umkreist. Jetzt, ganz nah und mit Körperkontakt, wirkte das kleine Pferdchen doch ziemlich mächtig und die Tritte seiner Hufe waren kraftvoll und entschlossen. Die Vorsicht unseres jungen Hundes hätte uns eine Warnung sein sollen, denn plötzlich und völlig überraschend biss mich das Pony in die Seite, was gehörig schmerzte. Vermutlich war es frustriert darüber, dass es trotz seiner körperlichen Überlegenheit nicht an den kleinen Beagle herankam. Durch Jacke und T-Shirt hindurch hatte es nun seine großen Pferdezähne in mich geschlagen, und die Spuren dieses heftigen Kneifens waren sofort sichtbar. An einer Stelle blutete es sogar. Nun war auch der Besitzer der bissigen Stute auf uns und die Szene aufmerksam geworden und rief sein ungehöriges Pferd zurück. Während es also den Heimweg antrat, kam der Almwirt zu uns und ermahnte uns, beim Überqueren von Weideflächen doch bitte zukünftig den Hund an die Leine zu nehmen, ganz so, wie es vorgeschrieben und durchaus auch üblich sei.

„An der Leine hätte unser junger Hund Ihrem Pferd nicht richtig ausweichen können", gab meine Frau zu bedenken.

„Trotzdem", sagte der Bauer, der Fehler liege eindeutig bei uns. Ohne den freilaufenden Hund hätte das Pferd uns nicht beachtet. Das war eine rein hypothetische Aussage, die nicht zu belegen, aber auch nicht sicher zu widerlegen war.

„Aber", sagte ich, denn ich fand die Sichtweise des Einheimischen sehr einseitig, „wenn Ihre Weide für Wanderer freigegeben ist, sollten keine bissigen Tiere herumlaufen. Das gehört zur Sorgfaltspflicht der Almwirte."

„Falsch", sagte der Pferdebesitzer, „die Weideflächen gehören den Tieren, und Besucher haben sich unterzuordnen!"

Das Gespräch begann sich, wie zuvor die Tiere, im Kreis zu drehen. Ich leinte Tamara an und wünschte dem Wirt einen erfreulichen Tag. Der Biss an meiner Seite brannte. Meine Frau leistete Erste Hilfe mit ihrem Labellostift, was etwas Linderung brachte. Ein unerfreulicher Zwischenfall!

„Wenigstens hätte er sich entschuldigen oder nach deiner Verletzung fragen können", sagte meine Frau. Tamara schien den Vorfall längst wieder vergessen zu haben. Bald erreichten wir das andere Ende der Almwiese, stiegen über das Gatter und machten den Beagle wieder von der Leine ab. Nun ging es durch ein schattiges Waldstück, an dessen Ende eine neue Weide begann. Dort graste, in deutlich größerem Abstand als zuvor das Pferd, etwa ein Dutzend Kühe. Als Tamara sie bemerkte, blieb sie stehen und ließ sich, trotz der relativ sicheren Entfernung zu den Tieren, nicht von der Stelle bewegen. Auch mit Leine stemmte sie sich gegen das Weitergehen. Offenbar hatte die Begegnung mit dem beißenden Pony auch bei ihr eine unschöne Erfahrung hinterlassen. Es blieb mir nichts weiter übrig, als den Hund auf den Arm zu nehmen und so lange zu tragen, bis die Kühe außer Sichtweite waren.

Trotz der bisherigen Hindernisse war es ein schöner Wanderweg durch die sommerliche und grüne Berglandschaft, der in einer kleinen Ortschaft endete. Zu spät bemerkten wir zwei freilaufende Laufenten. Tamara hatte sie vor uns gesehen und jagte bereits hinter ihnen her. Vielleicht erinnerte sie sich an die Begegnung in der Arztpraxis und auch daran, dass diese Tiere zu ihrem eigenen Vergnügen Wettrennen mit Hunden veranstalten. Vorn also liefen die Enten um ihr Leben, dahinter der Beagle, der versuchte, sie einzuholen, und am Ende lief ich, in der Hoffnung, den Hund zu erwischen, bevor der einen der Vögel schnappte und der nächste Ärger drohte. Die Asphaltstrecke war abschüssig, und ich bin kein sicherer Sprinter. Was soll ich sagen – ich kam ins Stolpern und fiel hin. Nun brannten neben der Bisswunde des Pferdes auch noch die Handflächen und eines der Knie. Die zwei Vögel waren im letzten Augenblick unter einem niedrigen Gatter hindurch in einen sicheren Garten geflüchtet, der offensichtlich ihr Zuhause war. Der Hund blieb vor dem Gatter stehen, fand das Ergebnis seiner Jagd verdrießlich und bellte ein paarmal. Entweder, um die Enten zum Weitermachen aufzufordern, oder zu seiner eigenen Entlastung.

Auch diese Begegnung war gerade noch einmal gut gegangen – abgesehen von meinen kleinen Biss- und Schürfwunden.

„Ohne Hund hätten wir das alles nicht erlebt", sagte meine Frau, die die beneidenswerte Gabe besitzt, schnell jeden nur denkbaren positiven Aspekt eines doch eher zweifelhaften Ereignisses zu erkennen. Sie hatte natürlich völlig recht, und im Nachhinein fühlte ich mich sogar maßgeblich dafür verantwortlich, uns, den Hund und die Laufenten ernsthaft in Gefahr gebracht zu haben. Nicht auszudenken, wenn das blöde Pferd statt meines Bauchfetts den kleinen Hund zwischen seine Kiefer bekommen hätte. Man lernt eben nie aus – und mit Hund erst recht nicht. Wenn das nächste Mal ein freilaufendes Pferd auf mich zukommt, werde ich schneller reagieren, den Hund auf den Arm nehmen, zum nächsten Gatter zurücklaufen und uns beide mit einem eleganten Satz in Sicherheit bringen. Theoretisch.

11

Der Hund geht jagen

Bei den bisherigen Spaziergängen im heimatlichen Waldgebiet trottete Tamara zwar immer mit uns mit, jedoch nie auf den Wegen, die wir Menschen bevorzugten, sondern immer rechts oder links davon im Unterholz. Dabei behielt sie uns im Blick. Wie üblich ließ sie ihre Nase wie den Schleifkontakt einer Straßenbahn über den Boden gleiten oder hielt sie zumindest sehr, sehr knapp darüber. Einmal aber war plötzlich alles anders. Es begann damit, dass sie in ungewöhnlicher Aufgeregtheit hoch und dauerhaft bellte und dabei ein Stück weit erst in die eine Richtung, dann in die entgegengesetzte und schließlich wieder in die erste zurück und dann tief in den Wald hineinrannte. Unsere Kommandos, anzuhalten und wieder zu uns zurückzukommen, überhörte sie. Nun wurde es klar: Zum ersten Mal war Tamara ihrem angeborenen Jagdtrieb und einer Spur gefolgt. Reh, Hase, Fuchs oder Wildschwein – für uns war das natürlich nicht ersichtlich. Die Laufrichtung des Wildtieres musste sie bei ihrer intensiven Schnüffelei anhand winzigster Unterschiede in der Intensität der Fußabdrücke ermittelt haben. Wurde der Schweißfußgeruch des Gejagten nach ein paar Metern schwächer, kehrte sie um. Jedenfalls war sie längst nicht mehr zu sehen. und auch das Bellen in hoher Stimmlage entfernte sich immer weiter. „Jagdgeläut“ nennt man es, wie wir gelesen hatten. Bei Treibjagden mit einem Dutzend oder mehr Hunden wird dabei eine immer näher rückende Lärmwelle produziert, die jedem Jagdopfer die schauerliche Gewissheit des nahen Endes signalisiert. Im Gegensatz zum gejagten Wild bangten wir nun um das Leben des Jägers. Was würde geschehen, wenn Tamara sich plötzlich in einem wutschnaubenden Rudel panisch aufgescheuchter Wildscheine wiederfinden würde?

Im Augenblick konnten wir nicht viel tun. Eigentlich gar nichts. Zwar hatten wir gelesen, dass der typische Jagdhund in der Regel wieder zum Ausgangspunkt seiner bestimmungsgemäßen Tour zurückkehrt, doch wann genau das sein würde, war weder beschrieben noch vorherzusehen. Da der Hund in einem ihm gut vertrauten Waldbereich gestartet war, blieben wir wenigstens voller Hoffnung, dass er von diesem Punkt aus, sollte er, wie beschrieben, tatsächlich dorthin zurückkehren, auch wieder nach Hause finden müsste. Nach einer halben Stunde erfolgloser Warterei gingen wir heim. Ganz wohl war uns dabei nicht, denn der Hund war ja noch jung und unerfahren in Jagdangelegenheiten.

Nach zwei Stunden rief eine Frau bei uns an. Ob wir die Besitzer des Hundes seien, deren Telefonnummer auf der Aluplakette am Halsband des Tieres eingraviert sei, das sich zum Ausruhen auf ihrem Sofa niedergelassen habe. Gerne könnten wir Tamara von dort abholen.

Die Anruferin lebte etwa zwei Kilometer von uns entfernt. Ihre Terrassentür habe offen gestanden, während sie im hinteren Teil des Gartens bei der Brombeerhecke gewesen sei. Als sie ins Haus zurückkehrte, habe ein fremder Hund auf dem Sofa gelegen, der sie zwar kommen sah und musterte, sich dann aber nicht weiter habe beeindrucken oder gar stören lassen. Davor müsse er, weil niemand da gewesen sei, der es hätte verhindern können, den halben Apfelkuchen vom Couchtisch zu sich genommen haben. Die Krümel habe sie inzwischen zusammengefegt.

So weit also die Vorgeschichte. Wir hatten Glück mit Tamaras Gastmutter. Sie mochte Hunde, und unseren lustigen, kleinen Beagle mochte sie ganz besonders. Fast habe sie daran gedacht, das Tier einfach zu behalten.

Auf dem Rückweg hielten wir an einer Bäckerei und kauften einen üppigen Ersatz für die verlorengegangene Kuchenmahlzeit der freundlichen Frau. Das sei nicht nötig gewesen, sagte sie bei der Übergabe.

„Für uns schon!", beteuerten wir und baten ein letztes Mal um Entschuldigung.

Es war der erste von einer ganzen Reihe von Ausflügen, die Tamara in den kommenden Monaten unternahm. Meistens startete sie ihre Touren bei einem Spaziergang im Hundeauslaufgebiet. Gelegentlich verschwand sie auch von unserem Haus aus. Es geschah immer dann, wenn einer von uns das Gartentörchen nicht ordentlich verschlossen hatte oder einem Postboten das Schild entgangen war, mit dem wir alle Besucher baten, doch bitte die kleine Tür wieder hinter sich zuzuziehen.

Notgedrungen gingen wir noch einmal in die Hundeschule und trainierten unter Anleitung das Spazierengehen mit einer sogenannten Schleppleine, einem flachen und endlos langen Kunststoffband, das hinter dem Hund am Boden her schleift. Horchte Tamara nicht auf unser Kommando, mussten wir nur auf die Leine treten und das Stichwort „Warte" wiederholen. Zack, hielt Tamara an, genauer: wurde sie zwangsweise zum Stehen gebracht. Auf dem Hundeübungsplatz funktionierte das ganz gut. Warten, belohnen, weiter. Auch zuhause mussten wir immer seltener unsere Füße einsetzen, wenn Tamara stehen bleiben sollte. Offenbar hatte der Hund den Zusammenhang gelernt. Wir machten die Schleppleine ab und riefen sie nach ein paar Schritten. „Warte!" Schwupp, war der Hund im Wald verschwunden. Nachdem das Training mit und ohne Spezialleine immer wieder gleich verlief, nachdem also der Hund, kaum dass die zum Teil über zwei Wochen im Einsatz befindliche Leine wieder gelöst war, immer wieder ins Dickicht des Waldes raste, beschlossen wir, uns mit dem ausgeprägten Jagdtrieb unseres Tieres abzufinden. Die Alternative wäre gewesen, den Hund nur noch mit einer bissfesten Schnur in den Garten zu lassen und draußen überhaupt nicht mehr von der Leine zu lassen. Das wollten wir ihm jedoch nicht zumuten.

Der „kleinen Persönlichkeit" gelang es immer und immer wieder, ihre Interessen durchzusetzen. Und immer wieder erreichten uns Anrufe aus Kilometer entfernten Orten oder einsamen Gehöften. Dort fraß Tamara alles, was sie fand, und legte sich dann irgendwo zum Schlafen nieder. Alle Leute, die sich der Hund als Gastgeber ausgesucht hatte, waren so nett, uns telefonisch über die Anwesenheit des fremden Tieres zu informieren. Bei der Abholung bedankten wir uns nicht nur demütig, sondern schenkten ihnen auch ein Büchlein mit Hundecartoons. In unserer Buchhandlung hatten wir sicherheitshalber gleich zehn Stück davon besorgt.

Nachdem wir uns schon einige Male mit Ines und Georg und ihrem Beagle Ole verabredet hatten, verschwanden eines Tages beide Tiere gemeinsam im Wald. Das Jagdgeläut war entsprechend voluminöser, doch auch dieses Mal verlor es sich mit zunehmender Entfernung im Grundrauschen des Waldes.

Die Hunde waren jetzt in unerreichbarer Weite unterwegs. Was wir bereits von Tamara kannten, erlebten Oles Besitzer zum ersten Mal. Anders als wir lebten sie jedoch nicht in unmittelbarer Nähe des Waldes, sondern mussten drei Straßen überqueren, um wieder nach Hause zu gelangen. Natürlich wollten sie nicht, dass Ole diese letzte und gefährliche Etappe allein machte. Also warteten wir gemeinsam auf einer kleinen Bank im Schatten. Irgendwann gingen die Frauen los, um Kaffee, Wasser und ein paar Snacks zu besorgen. Ich nutzte die Abwesenheit meiner Frau, um vorsichtig zu ermitteln, wie Georg zu der Idee mit den Welpen stand, ohne zu viel von meiner diesbezüglichen Skepsis durchblicken zu lassen. Das war jedoch völlig überflüssig, denn alle hatten zu diesem Zeitpunkt schon längst über das letzte Hindernis auf dem Weg zu einer neuen Beagle-Population gesprochen – nämlich mich.

„Was sind deine Bedenken?", fragte Georg.

„Eigentlich wollte ich überhaupt keinen Hund", sagte ich, „dann habe ich mich aber doch dazu durchgerungen, und nun finde ich es sogar ganz nett. Aber ich möchte diesen Prozess nicht noch einmal durchlaufen. Ich hatte abwechselnd schlaflose Nächte und Albträume. Ein einzelner Hund, damit kann ich gut leben."

Es sei nicht so gedacht, alle Welpen zu behalten, meinte Georg. Aber genau das war ein weiterer springender Punkt. Wie konnte man mit gutem Gewissen die kleinen Hunde, die man wochenlang versorgt und behütet hat und die einem in dieser Zeit vertraut geworden sind, plötzlich wieder abgeben? Ich fand diese Vorstellung regelrecht brutal – auch gegenüber dem Muttertier.

Georg sah es pragmatisch. Einen Rüden würden sie sicherlich behalten, und zwei Hunde fühlten sich wohl miteinander.

„Das merken wir ja gerade!", stellte ich fest.

Ich versuchte mir vorzustellen, wie wir mit zwei Hunden fertigwerden sollten, die sich in Abenteuerlust und Überdrehtheit noch gegenseitig anstachelten und ständig verschwunden sein würden. Unmöglich, ein Doppelpack dieser Art gefahrlos über Almwiesen, durch Wartezimmer und über Trödelmärkte zu bekommen. Tamaras nächste Läufigkeit würde in etwa zwei Monaten beginnen. Bis dahin konnte nichts passieren. Aber dann musste ich achtsam sein, denn drei Viertel unserer Gruppe schienen bereits fest entschlossen, dem Vermehrungsprogramm unserer Haustiere freien Lauf zu lassen.

Als die Frauen mit dem Picknick zurückkamen, waren die Hunde immer noch unterwegs. Nach knappen zwei Stunden auf der Wartebank rümpfte Ines die Nase.

„Riecht ihr das auch? Irgendetwas stinkt hier!" Kaum war es ausgesprochen, sahen wir unsere Beagles durchs Gebüsch kommen. Als sie neben uns standen, wurde der Gestank unerträglich. Beide Tiere hatten sich offenbar in Aas gewälzt. Eine undefinierbare dunkle Masse samt Wildschweinborsten haftete an Fellen, Schnauzen und Beinen. Der Ausflug war mit einem Schlag beendet. Wir leinten die Tiere an, packten das Picknick zusammen und gingen schnell nach Hause.

Tamara kam sofort in die Badewanne. Drei Durchgänge mit Einweichen, Einshampoonieren und Ausspülen. Dann war vom Dreck nichts mehr zu sehen. Was sich hartnäckig hielt, war der Aasgeruch. Inzwischen roch es im gesamten Erdgeschoss nach verwestem Fleisch. Die Handtücher, mit denen wir Tamara abtrockneten, mussten ihrerseits sofort in die Wäsche. Auch an meinen Händen hielt sich der abscheuliche Verwesungsduft trotz mehrfacher Benutzung einer parfümierten Rosenseife. Die Hunde hatten offenbar kein Problem mit dem furchteinflößenden Naturgeruch.

„Für Hunde ist ein modriger Wildkadaver ein geeignetes Mittel, um anderen Tieren im Rudel zu imponieren", hatte meine Frau gelesen. „Mit Menschen war das aber leider nicht abgesprochen", ergänzte ich.

Es war nicht das erste Mal, dass Tamara bei der Ausdünstung eines längst verstorbenen Tieres schwach wurde. Kurz nachdem sie bei uns eingezogen war, das erste Mal ohne Leine lief und wir sie nicht immer im Blick hatten, entdeckten wir sie hinter einem umgekippten Baumstamm, wo sie im Inneren eines längst verstorbenen Fuchses herumstrampelte, dessen Verwesungsprozess schon weit vorangeschritten war. Durch die Faulgasproduktion war der Bauch des toten Tieres aufgeplatzt. Tamara lag rücklings dort, wo einmal Lunge, Herz und Leber funktioniert hatten, und wälzte sich zufrieden hin und her, als läge sie in einem wohltemperierten Entspannungsbad. Dieses Mal also war es eine Wildschweinhülle. Der Gestank des verstorbenen Schweines stand dem des Fuchses übrigens in nichts nach.

Vor diesem Hintergrund erschien mir die Vorstellung, Tamara demnächst von Ole decken zu lassen und später einen der Welpen zu behalten, besonders unerfreulich. Niemals würde ich einer Vermehrung der Hunde zustimmen!

12

Der Hund – ein kleiner Wolf?

Als Hundebesitzer habe ich Angst vor Begegnungen mit Menschen, die Angst vor Hunden haben. Ich habe die Erfahrung gemacht, dass sie fast immer unberechenbar sind und man mit Argumenten nicht weit bei ihnen kommt. Ihre Angst ist oft irrational. Die Medien machen gerne ein Geschäft daraus. Wer in die Zeitung guckt oder ins Fernsehen, kann sofort damit beginnen, Ängste zu sammeln. Ängstliche Menschen trifft man eigentlich immer und überall. Im Wald hatte ich nicht mit so vielen gerechnet. Das war vielleicht etwas naiv.

Wenn sie uns rechtzeitig kommen sehen, gelingt es den Furchtsamen manchmal, im letzten Moment abzubiegen, so dass beiden, dem Angsthasen und dem Wolfsführer, eine direkte Konfrontation erspart bleibt. Anders ist es, wenn sie uns und unserem gefährlichen Beagle mangels Fluchtweges nicht mehr ausweichen können. Dann springen sie zur Seite und verharren dort in Schockstarre, bis die Gefahrenlage vorüber ist, wir also ohne Zwischenfall an ihnen vorbeigekommen sind. Ihren bösen Blick muss man ertragen können, auch wenn er Bände spricht: Hätten wir mit unserem Tier nicht zuhause oder allenfalls in unserem Garten bleiben können, statt es ungefragt in die Nähe empfindsamer Menschen zu manövrieren, die dann völlig fremdbestimmt einer plötzlichen Bedrohung ausgesetzt sind?

Oft werden die vorwurfsvollen Blicke auch von vorwurfsvollen Bemerkungen flankiert. Ich habe gelernt, dass man sich davon nicht verunsichern lassen darf. Nie werde ich vergessen, dass wir bei einem unserer ersten Spaziergänge im Wald einem Jogger begegneten, der, als er den kleinen Welpen sah, sofort hinter einer dicken Eiche verschwand. Unser Baby-Hund war übrigens angeleint. Tamara hatte das Verschwinden des Mannes genau beobachtet. Nun drängte es sie, hinter dem Baum nachzusehen, wo er denn geblieben war. Wir hielten sie zurück, konnten aber nicht verhindern, dass sie auf dem vergleichsweise schmalen Weg bis auf eine Armlänge an den Jogger herankam. Mit angstgeweiteten Augen fragte er uns, ob dies ein Kampfhund sei. Dazu muss man wissen: Kaum ein anderer Hund vermittelt mit seinem niedlichen und friedlichen Aussehen so viel Freundlichkeit wie ein junger schwanzwedelnder Beagle.

„Nein", sagten wir etwas belustigt, „das ist ein Beagle. Das Gegenteil eines Kampfhundes!"

Der Mann glaubte uns nicht und verbarg sich weiter hinter dem dicken Baum, indem er parallel zu uns Schritt für Schritt auf die uns abgewandte Seite des Stammes rückte.

„Gehen Sie endlich weiter mit ihrem Tier!", forderte er uns auf.

Wohlgemerkt: Der Mann war vielleicht Mitte dreißig, ein kräftiger Sportler mit durchtrainierten Oberschenkeln und Waden. Gern hätten wir ihm erklärt, dass Beagles bevorzugt als Labortiere eingesetzt werden, weil sie erwiesenermaßen friedfertig sind und sich schnell an die Grässlichkeiten eines Versuchstierdaseins anpassen. Viel mehr als der Mensch hatte also ein Beagle allen Grund zu prinzipiellem Misstrauen gegenüber anderen. Doch zu dieser Aufklärung kam es nicht mehr. Kaum wähnte sich der Läufer hinter der Rückseite des Baumes in Sicherheit, rannte er auch schon davon.

Besonders heikel sind Begegnungen mit Kindern, die Angst vor Hunden haben. Meistens stecken ängstliche Eltern dahinter. Ängstliche Eltern zersetzen die angeborene Neugier ihrer Nachkommen. Sie haben nicht nur Angst vor Hunden, sondern auch vor unserem Trinkwasser, vor Sonnenlicht und weißem Mehl. Im Wald also reißen sie das arglose Kind sofort in die Höhe, sobald ein Hund auftaucht, so dass dem Kind schon durch die Wucht der unerwarteten Beschleunigung mulmig wird. Obendrein lernt es: Hund gleich Lebensgefahr. Ein paarmal habe ich mir die Mühe gemacht, Erziehungsarbeit mit solchen Kindern zu leisten, indem ich den Hund auch in die Höhe nahm und die Eltern fragte, ob ihr Kind das kleine Tier vielleicht einmal aus der Nähe betrachten wolle. Gelegentlich hat es funktioniert, und einige wenige Male trauten sich die Kinder nach einer Weile sogar, den fremden Hund vorsichtig zu berühren. Allerdings gab es auch Fälle, in denen die ängstlichen Eltern mein nett gemeintes Angebot aufdringlich fanden:

„Sehen Sie denn nicht, dass mein Junge Angst vor ihrem Scheißköter hat?“

Man kann nicht allen Leuten helfen. Die Angst vieler Menschen vor fremden Hunden gedeiht sicher auch bei dem Wissen der Wolfsverwandtschaft eines Hundes. Beide besitzen Reißzähne, können schnell laufen und sind prinzipiell in der Lage, uns anzugreifen. Es sind alte, archaische Ängste, gegen die man auch nicht mit guten Argumenten ankommt. Erklären Sie mal solchen Helikoptereltern, dass die Wahrscheinlichkeit, mit der ihr Kind im Wald von einem fremden Hund angefallen wird, vermutlich geringer ist als die Wahrscheinlichkeit, mit der das gleiche Kind auf Papas Autofahrten zum und vom Wald in einen Verkehrsunfall verwickelt und dabei schwer verletzt wird. Ganz abgesehen von den sehr realen Gefahren eines Waldspaziergangs: einem unvorhersehbaren Astbruch über einem oder dem Biss einer infizierten Zecke, der erst zu einer Hirnhautentzündung und dann zu bleibendem Schwachsinn führt.

Verstehen Sie mich nicht falsch: Natürlich sollen Eltern ihre Kinder darüber aufklären, dass sie fremde Hunde nicht einfach anfassen, nach ihnen treten oder mit Stock und Stein nach ihnen werfen sollen. Es gibt einfache Regeln für den Umgang mit einem fremden Tier, so wie es auch Regeln gibt, um sicher auf die andere Seite einer Straße zu gelangen.

Erstaunlicherweise gibt es sogar Hundebesitzer, die Angst vor fremden Hunden haben. Ihre Tiere laufen oft an sehr kurzen Leinen, damit sie sie jederzeit zu sich heranziehen und ihnen Schutz bieten können. So wie die vornehme Dame, der wir im Hundeauslaufgebiet mit ihrem angeleinten Kleinhund begegneten. Tamara beschnupperte ihn von vorn und hinten, und der fremde Hund machte das Gleiche bei ihr. Die Besitzerin des Kleinen mochte das offensichtlich nicht, denn auch sie riss ihren Hund plötzlich in die Höhe und behielt ihn dort, als wäre ein hungriges Raubtier hinter ihm her.

„Sie müssen Ihren Hund an die Leine nehmen!“, rief sie streng. Tamara setzte sich auf den Waldboden. Direkt vor ihr.

„Wir sind hier im Hundeauslaufgebiet“, entgegnete ich, „da sollen die Hunde mal ohne Leine laufen können!“

Die Frau suchte nach neuen Argumenten.

„Ihr Hund respektiert nicht die Privatsphäre meines Hundes", behauptete sie. Es schien sinnlos, sie über die Begrifflichkeiten von Respekt und Privatsphäre im Hundedasein zu belehren. Andererseits sah ich auch nicht ein, dass wir Tamara wegen dieser sonderbaren Einstellungen anleinen sollten.

„Na wird's bald?", rief die Frau. „Ich rufe sonst die Polizei!"

Tamara saß immer noch einen halben Meter von der Spaziergängerin entfernt und schaute zum Hund auf ihrem Arm. Was machte der da oben? Die Sache mit der Polizei beeindruckte mich wenig, abgesehen davon, dass ihr das Telefonieren schwer möglich sein würde, da beide Hände mit dem Hochstemmen ihres Schützlings ausgelastet waren.

„Was wollen Sie der Polizei sagen?", fragte ich. Meine Frau, die immer ein bisschen vernünftiger ist als ich, ging nun doch zu unserem Beagle und zog ihn von seinem Beobachtungsposten zurück.

„Dass wir von einem aggressiven Hund bedrängt werden", meinte die Frau.

„Lächerlich", sagte ich.

„Lass uns gehen", sagte meine Frau und konnte mich gerade noch davon abhalten, den Wortwechsel eskalieren zu lassen. Wir setzten unseren Spaziergang fort. Als wir im schönen Waldcafé einkehrten und sich Tamara zwar angeleint, aber entspannt auf den Boden legte, verblasste mein Ärger etwas, doch ich beschloss, den Vorfall später einmal in einem Buch zu dokumentieren und auf diese Weise zu verarbeiten.

13

Wie man Hundekinder plant

Irgendwie war beschlossen worden, dass Ole und Tamara bei der nächsten Läufigkeit unserer Hündin zusammengebracht werden sollten. Ich hatte meinen Widerstand aufgegeben. Nein, mein Widerstand war zusammengeschmolzen. Nachdem ich in einem Buch gelesen hatte, dass das Leben mit zwei Hunden deutlich abwechslungsreicher und noch fröhlicher werden kann als das mit nur einem Quadrupeden, schien mir die Aussicht auf Nachwuchs durchaus nicht ohne Reiz. Wir hatten auch immer wieder mal Begegnungen mit Menschen gehabt, die zwei Tiere ausführten. Alle sagten übereinstimmend, dass sie es nie bereut hätten, sich einen weiteren Hund angeschafft zu haben. Im Gegenteil. Da musste ja etwas dran sein, und außerdem hatten wir inzwischen einige Erfahrungen mit der Erziehung. So schwierig, wie ich es am Anfang mit Tamara erlebt hatte, konnte es eigentlich nicht noch einmal werden. Tamaras Interesse an Quedlinburg, dem immer noch laut bellenden Nachbarhund, war gering. Bei ihrer ersten Läufigkeit ignorierte sie dessen Offerten am Gartenzaun. Wir hatten nie gesehen, dass sie in irgendeiner Weise Notiz von ihm nahm. Da er niemals ausgeführt wurde, hatte sie auch nie eine direkte Begegnung mit ihm gehabt, weder auf der Straße noch auf einem unserer Grundstücke. Quedlinburgs

Menschen wollten keinen Kontakt mit uns, und so blieb ihr Hund auch allein. Ein einziges Mal hatte Tamara durch die Maschen des Zaunes an Quedlinburgs Schnauze gerochen. Mehr war nicht drin.

Im Gegensatz zu dem struppigen Nachbarstier mochte Tamara den schlanken und hochbeinigen Beagle Ole sehr. Wenn wir zusammen spazieren gingen oder uns besuchten, blieb einer immer in der Nähe des anderen, und es war nicht zu erkennen, dass eines das dominante Tier war, dem sich das andere unterordnen musste. Noch ein paarmal waren sie uns entwischt, aber immer waren sie wieder zurückgekehrt. Vielleicht passten sie sogar gut aufeinander auf, wenn sie miteinander auf Jagd gingen. Für uns schienen sie als Elternpaar ziemlich perfekt.

Nun mussten wir nur noch auf ihre Paarungsbereitschaft warten. Die Fachleute sprechen von den Stehtagen. Man erkennt sie daran, dass die läufige Hündin bei einer Berührung des hinteren Rückens ihren Schwanz bereitwillig zur Seite legt, statt die vom Rüden bevorzugten Strukturen damit abzudecken.

Als die Stehtage begannen, brachten wir Tamara zu Ines, Georg und Ole. Tatsächlich kam es zur Empfängnis. Georg machte vom Vorgang der Zeugung mehrere Fotos, die allerdings zeigten, dass die Paarung für eine Hündin offenbar nichts war, was ihr Vergnügen bereitete. Sie sah leicht gequält aus. Vielleicht war sie auch besonders konzentriert bei der Sache, oder es ist schwierig für Menschen, den Gefühlszustand eines derart beschäftigten Hundepaares richtig einzuschätzen.

Nach vier Wochen gingen wir zur Tierärztin. Sie schaute sich unsere Tamara genau an und machte ein Ultraschallbild von ihrer Gebärmutter. Dort waren vier kleine, rundliche

Strukturen zu erkennen. In jeder davon pulsierte ein kleines Herz. Na bitte. Eigentlich konnte man jetzt in Ruhe abwarten. Weitere Untersuchungen waren nicht nötig, die Hündin würde alles im Griff haben, und wir sollten uns nur melden, wenn es Probleme gab. Fürs Füttern empfahl uns die Ärztin, jetzt etwas großzügiger zu sein und vielleicht auf ein besonders nahrhaftes Produkt umzusteigen.

Wir staunten darüber, dass Tamara in den kommenden Wochen keinen Impuls mehr zu haben schien, unser Haus für längere Spaziergänge zu verlassen. Meist hielt sie sich in unserem Garten auf, wo sie eines Tages direkt neben der Hauswand ein Loch grub, zweimal so tief wie sie selbst hoch war. Im Buch über Hundeschwangerschaften hatten wir gelesen, dass das Herstellen einer Wurfhöhle ein ganz natürliches Verhalten einer gesunden Hündin mit sicheren Instinkten sei. Man müsse nur aufpassen, dass sie sich dort nicht wirklich bei der Geburt aufhalte, denn tief im Erdloch könne man notfalls nicht so gut helfen oder eingreifen.

Tamara entwickelte einen enormen Appetit. Sie aß nun nicht nur das von der Ärztin empfohlene Kraftfutter für werdende Mütter, sondern schnappte sich auch bei jeder Gelegenheit Nahrungsmittel, die eigentlich für uns vorgesehen waren. Wenn wir nicht aufpassten, holte sie sich Brot, Wurst und Käse vom Tisch, sie fraß Erdnüsse aus einer Schale, die wir auf dem Couchtisch vergessen hatten, und bei Spaziergängen fand sie zielsicher jeden verwertbaren Nahrungsrest und verschlang ihn. Nahrungsreste gab es viele in unserem Wald. Spaziergänger warfen sie bei jeder Gelegenheit ins Gebüsch.

Langsam zeichnete sich das Wachstum der Welpen auch äußerlich bei unserer Hündin ab. Bis zur Geburt waren es nur noch drei Wochen. Meine Frau und ich meldeten ein paar freie Tage an, um bei der Geburt der Welpen und in den ersten Tagen danach zuhause bleiben zu können. Wir hatten auch eine kleine Waage zur Überprüfung der Geburtsgewichte angeschafft und eine große Trommel mit künstlicher Welpenmilch zum Zufüttern nach den ersten Lebenswochen. Nun wurde es auch schon Zeit, dass wir die nötigen baulichen Vorkehrungen in unserem Haus angingen.

Im Normalfall besteht unser Keller außer einem Flur aus drei wenig genutzten Räumen. In einem dieser Räume ist die Heizungsanlage untergebracht, und er dient gleichzeitig als Hauswirtschafts- und Vorratsraum. Dort laufen alle wichtigen Kabel und Rohre zusammen. Mit viel Geschick hatten wir in einer halbwegs freien Ecke noch ein Regal einbauen können für Dinge, die nur Ostern und Weihnachten gebraucht werden, und für ein paar Konserven und Getränke. In diesem Raum war also kein Platz mehr für eine junge Hundefamilie. Im Wäscheraum sah es auch nicht viel besser aus. Er war ausgelastet mit einer Waschmaschine und einem Trockner, mit einem alten Kleiderschrank und einer neuen Tiefkühltruhe sowie den Möbeln unserer alten Küche, von denen wir immer noch hofften, dass sie einmal von einem der Kinder übernommen würden. Schließlich stapelte sich dort noch eine ganze Menge Sperrgut auf, vor und neben zwei Billy-Regalen Krimskrams und Küchenmaschinen in ihren Originalverpackungen, zwei Teppichrollen, mehrere Gebinde nicht verbauter Badezimmerfliesen sowie ein Teil der Gartenmöbel. Blieb also nur der Gästeraum, eine Räumlichkeit, die ursprünglich für Besucher vorgesehen war und darum auch ein Bett enthielt, in der aber inzwischen all das stand, was in den zwei anderen Räumen nicht mehr unterzubringen war. Nun musste es doch dorthin, denn wir wollten den Raum zur Welpenstube umrüsten.

Das Ausräumen dauerte eine Ewigkeit, denn alles musste nach Tetris-Art raumsparend mit den schon vorhandenen Dingen verschachtelt werden. Was trotz aller Umstellungen auch dort nicht mehr hineinpasste, stand am Ende im Flur, der nach den schweißtreibenden Räumarbeiten zum schmalen Durchgang verkümmert war. Immerhin gab es nun, nach drei Stunden, ein Hundekinderzimmer. Nur das Bett stand noch dort.

Wir rollten zunächst die alten Teppiche aus. Wie gut, dass wir sie aufgehoben hatten! Über die Teppiche kam eine Lage ausgedienter Handtücher, und ganz obenauf arrangierte meine Frau saugfähige Inkontinenzunterlagen, die nach dem Tod unserer Eltern übriggeblieben waren. So war das Laminat, das ich vor vielen Jahren mit viel Mühe verlegt hatte, einigermaßen gesichert.

Übers Gästebett kam eine Schutzdecke, gleich daneben schraubte ich die Wurfkiste zusammen. Die Bretter waren im Baumarkt auf Größe gesägt worden: eine Grundplatte, drei hohe Seitenwände und eine niedrige, so dass die Hündin bequem drüberhüpfen konnte, wenn sie die Kiste mal verlassen musste. Meine Frau stattete die Box mit mehreren Decken und einem Kissen aus – die Tiermutter und ihre Kinder sollten es schließlich behaglich haben.

14

Die Welpen kommen

An einem Montagabend begann Tamara stark zu hecheln. Wir wussten inzwischen, wie die Geburt ablaufen würde und was zu tun war. Eigentlich war nicht viel zu tun, denn die Hündin erledigt fast alles selbständig und nahezu routiniert. Wir verbrachten die Nacht im Gästebett des Welpenraumes und setzten die Hündin neben uns in die Wurfbox. An Schlaf war in dieser Nacht aber nicht zu denken. Tamara hechelte oder schleckte Wasser, verließ die Kiste, lief unruhig im Raum hin und her, kehrte in die Wurfbox zurück und hechelte weiter.

Die eigentliche Geburt begann um fünf Uhr früh. Kaum war die erste Fruchtblase aus ihrem Körper gekommen, biss die Hündin sie behutsam auf, so dass das Jungtier an die Luft kam und von ihr abgeleckt werden konnte. Danach durchtrennte Tamara die Nabelschnur. Sie machte das mit ihren messerscharfen Backenzähnen, was ziemlich gefährlich aussah, denn die Zähne arbeiteten ganz dicht am kleinen Bauch des Welpen.

„Eine Hündin beißt die Nabelschnur immer mit den Backenzähnen ab, damit sie auch wirklich durchtrennt wird“, wusste meine Frau.

Kaum war das Jungtier nicht mehr mit seiner Mutter verbunden, zog diese an der Schnur, bis der dazugehörige

Teil der Plazenta in die Wurfbox flutschte und die Hündin sie verschlang. Das ist normal und auch ernährungstechnisch sinnvoll, denn der Mutterkuchen enthält viele wichtige Substanzen, die auch für die Milchbildung gebraucht werden. Gleich nach dem Verschluckten der Plazenta leckte Tamara weiter an ihrem Jungtier herum. So konnte sie nicht nur die letzten Reste des Fruchtwassers und der Eihülle entfernen, sondern gleichzeitig auch die Durchblutung des kleinen Tieres anregen. Tamara massierte ihr Erstgeborenes so lange mit ihrer Zunge, bis der zweite Welpe nach draußen drängte. Der Ablauf wiederholte sich nun mehrmals.

Nach dem vierten Baby konnten wir mit dem Wiegen der Tiere beginnen. Für die Dokumentation hatte ich eine Excel-Tabelle entworfen und ausgedruckt. Jedes Tierchen hatte eine etwas andere Schwarz-Weiß-Zeichnung, so dass es kein Problem war, die Hunde zu unterscheiden, ihnen einen Namen zuzuordnen und alles genau einzutragen. Vorsichtig nahm ich den erstgeborenen Welpen auf. Tamara gefiel das nicht. Sie versuchte, mir das Neugeborene mit ihren Vorderzähnen wieder abzunehmen. Meine Frau beruhigte das Muttertier und hielt es kurz fest, ich übernahm den Wiege- und Dokumentationsvorgang und gab das Hündchen so schnell wie möglich seiner Mutter zurück. Kaum hatte sie es neben ihrem Bauch platziert, rutschte ein fünfter Nachkomme aus ihr heraus. Nanu!? Hatte die Tierärztin diesen Embryo übersehen? Vielleicht hing er zum Zeitpunkt der Ultraschalluntersuchung in einer schlecht einsehbaren Ecke der Gebärmutter? Das Hündchen war etwas kleiner als die zuvor Geborenen. Wir nannten es Lisa. Fünf Welpen waren für eine erstgebärende Hündin eine ganze Menge – aber auch für uns als Grundversorger dieses Rudels.

Die Größenunterschiede der fünf Welpen waren erheblich. Der erste und größte wog mit 375 Gramm genau dreimal so viel wie die winzige Lisa. Ob sie wohl die ersten Tage überstehen würde?

Nach dem fünften kam übrigens noch ein sechster Welpe, dann ein siebenter, ein achter und schließlich ein neunter. Warum hatte man diese Menge zusätzlicher Kinder nicht erkannt?

Die Tierärztin kam am Nachmittag, um sich den Wurf anzusehen. Dabei staunte nun selbst sie über die hohe Geburtenrate und erklärte uns, dass man bei einer Untersuchung nicht immer alle Fruchtblasen erkenne, wenn sie zum Beispiel an der Rückseite der Gebärmutter sitzen würden.

„Ein schöner Wurf", sagte sie, nachdem sie das Muttertier beobachtet und die kleinen Tiere mit ihren frischen Nabeln ein paarmal in ihren Händen hin und her gewendet hatte. Allerdings, meinte sie, könne es sein, dass die kleine Lisa zusätzlich mit der Pipette gefüttert werden müsse, damit sie ein bisschen zusätzliche Energie bekomme. Wir vereinbarten einen Termin für die erste Impfung und waren nur teilweise erleichtert. Die Tierärztin ließ uns eine kleine Pipette und eine Dose mit Welpenmilchpulver da. Während meine Frau das Getränk anrührte, machte ich Fotos von der jungen Tierfamilie.

Das Füttern von Lisa war recht schwierig und verursachte sowohl der Hündin als auch uns ziemlich viel Stress. Tamara versuchte, sich die kleine Lisa immer wieder zurückzuholen. Ich musste sie festhalten, und meine Frau gab sich redlich Mühe, dem Jungtier vorsichtig die Pipette in das winzige Maul zu stecken. Lisa fiepste, Tamara bellte, und nach kurzer Zeit brachen wir den Fütterungsversuch ohne Erfolg ab. Als die Hündin wieder neben all ihren Kindern in der Wurfkiste lag, drängten die winzigen Tiere, deren Augen noch fest verschlossen waren, zu ihren Zitzen. Sie robbten und paddelten übereinander her und gaben erst Ruhe, wenn sie eine der gesuchten Nahrungsquellen gefunden hatten. Wir passten auf, dass Lisa nicht abgedrängt wurde. Jedes Mal, wenn wir sie in die Hand nahmen, um ihr noch einmal die Pipette anzubieten, unterbrach Tamara das Stillen, verließ die Wurfkiste und versuchte, ihr kleines Kind zurückzuholen. Es war nahezu unmöglich, das winzige Tier ordentlich mit der Kunstmilch zu versorgen.

„Wir überlassen es einfach der Natur", sagte meine Frau am späten Abend, „entweder Lisa schafft es oder eben nicht."

Ich bewunderte sie etwas für dieses Gottvertrauen, sah aber auch, dass unsere externe Fütterung eine Belastung für alle Beteiligten war.

Am nächsten Morgen (wir schliefen trotz der fast schlaflosen letzten Nacht wieder nicht besonders gut) schlichen wir etwas besorgt in den Keller. Was würde uns in der Wurfbox erwarten?

Siehe da: Alle neun Welpen waren am Leben! Lisa hatte sogar mehr zugenommen als ihre acht Geschwister. Alle schienen gesund und wohlauf. Am Nachmittag kamen Georg und Ines, um sich das Ergebnis unserer gemeinsamen Vermehrungsidee anzuschauen. Als ihnen ihr Hund Ole durch die Tür der Welpenstube folgte, knurrte Tamara kräftig und tief. Offenbar hatte sie vergessen, dass Ole der Vater ihrer Kinder war. Als er dichter an die Wurfkiste herankam, sprang Tamara heraus, versperrte ihm den Weg und knurrte noch einmal. Es war ein unfreundlicher Laut, der dem arglosen Hundepapa offenbar signalisierte, dass er hier nichts zu suchen hatte. Ole verstand die Warnung, ließ den Schwanz hängen, drehte sich um und stieg ins Erdgeschoss zurück.

Ines und Georg waren begeistert vom Leben in unserem Keller und fanden schnell einen Welpen, der ihnen gefiel und den sie in zehn bis zwölf Wochen als Zweitbeagle mit nach Hause nehmen wollten: Paulchen. Er war der Erstgeborene und nach wie vor der Kräftigste. Der sollte es sein. Wir hatten unsere Auswahl auch schon getroffen. Von den neun Welpen waren drei weiblich und sechs männlich. Lisa war immer noch das kleinste Tier im Wurf. Jule war ein deutlich kräftigeres Mädchen, Lena war mittelgroß. Sie hatte einen kleinen braunen Fleck auf dem hellen linken Hinterbein, der uns gefiel. Für sie hatten wir uns bereits bei der Geburt entschieden. Zu einem Zeitpunkt, als wir noch von vier Welpen ausgingen und sie als erstes weibliches Tier auf die Welt kam.

Nach etwa zehn Tagen entfernten wir das vordere Brett der Wurfbox. Sofort torkelten die Jungtiere kreuz und quer über den Boden. Bald waren die Vorräte an Inkontinenzunterlagen aufgebraucht und zwei neue Kartons mussten her. Die Menge durchfeuchteter Tücher nahm täglich zu. Unsere Pflegeaufgaben wurden anspruchsvoller, denn immer häufiger zerrten die Welpen unseren sorgfältig ausgebreiteten Bodenschutz durcheinander, wühlten sich bis zu den alten Teppichen in die Tiefe, verschleppten die Handtücher oder trampelten durch den Futternapf. Irgendeiner von ihnen entdeckte, dass an zwei Wänden des Raumes die Ränder der Teppiche hochgeschlagen waren und dass man, wenn man kräftig daran zog, einen Teil des mehrlagigen Aufbaus hinter sich herziehen konnte. Inzwischen spielten sie auch schon mit zwei kleinen Bällen und einem Stoffpapagei, die ihnen unsere Enkel als Willkommensgeschenke mitgebracht hatten.

Weil die Welpen außer der Muttermilch und dem Milchersatz bald zusätzliche Welpennahrung bekamen, erhöhte sich auch das Aufkommen ihrer Ausscheidungen. Nach dieser Veränderung begannen ihre winzigen Häufchen deutlich strenger zu riechen. An jedem Morgen lagen im ganzen Raum verteilt dreißig bis vierzig wohl geformte Kringel, an denen wir immerhin sehen konnten, dass Ernährung und Verdauung offenbar gut in Gang gekommen waren.

Nun reagierten die kleinen Tiere auch auf uns und kamen zur Tür gelaufen, sowie sie uns die Treppe hinunterkommen hörten. Wir hatten das Türblatt ausgehängt und den Durchgang mit einem Brett verstellt und mit einem Hocker gesichert. Wenn wir an der Tür auftauchten, stemmten sich die Kleinen am Brett hoch, standen auf ihren achtzehn kleinen Hinterpfoten und piepsten uns an. Beim Betreten des Raumes musste man nun sehr genau aufpassen, wohin man trat.

Die Tiere hefteten sich förmlich an unsere Füße, kletterten auf die Schuhe oder bissen in die Hosenränder. Dreimal am Tag gingen wir mit Tamara vor die Tür. Statt im Wald zu verschwinden, kehrte sie nun freiwillig um, sobald sie sich entleert hatte.

Die jungen Hunde öffneten bald ihre Augen und bekamen kleine Milchzähne. Die waren sehr spitz, und wir fragten uns, ob es wirklich eine gute Idee der Natur war, ein Säugetier schon so früh mit messerscharfen Beißwerkzeugen auszustatten. Als wir uns Tamaras Zitzen genauer ansahen, bemerkten wir prompt kleine Bissspuren.

Wenige Tage später hörte meine Frau, die das Bett meist vor mir verlässt, dass die Geräusche, die aus dem Keller kamen, irgendwie anders klangen als bisher. Sie ging hinunter und sah schon auf halbem Weg, dass die nun deutlich kräftiger gewordenen Tiere ihre Behausung verlassen hatten. Gemeinsam hatten sie das Holzbrett vor der Tür gegen den Widerstand des Hockers in den Flur gedrückt, so dass ein seitlicher Durchschlupf entstanden war. Vier Welpen waren bereits den halben Treppenabsatz hinaufgeklettert, die anderen wuselten im Flur herum. Offenbar waren sie klug genug zu vermuten, dass das Nichts, aus dem wir mehrmals am Tag bei ihnen auftauchten, doch mehr sein musste als ein Nichts und dass man es vielleicht sogar erkunden konnte. Oder aber das Brett hatte sich ohne ihre Absicht verschoben, weil sie Tag für Tag größer wurden und darum auch mehr gemeinsame Druckkraft entwickelt hatten. Wir sammelten die Tiere wieder ein, brachten sie in den Welpenraum und verwendeten nun eine Tischlerzwinge, um das Brett am Türrahmen festzuklemmen.

Zum ersten Freigang der jungen Tiere in unserem Garten hatten wir uns mit Ines und Georg verabredet und mit Ole, dem Hundevater. Nach seinen letzten Erfahrungen mit der Hundemutter blieb er in sicherer Entfernung sitzen, als wir die neun Welpen in einem kleinen Karton ins Freie brachten. Tamara stand ziemlich genau in der Mitte ihres Kinderkreises und beobachtete die Szene genau. Nach dem ersten Beschnuppern des Grases gingen die Welpen auf Erkundungstour. Einige machten sich auf den Weg ums Haus herum, andere liefen in Richtung unseres Gartenteiches. Hunde können von Natur aus schwimmen, hatten wir gelesen. Ob das auch schon für die kleinen Welpen zutraf? Das erste Tier lief ein paar Schritte dicht am Rand des Gewässers entlang und landete schneller als gedacht im Wasser. Ob versehentlich oder mit Absicht, war nicht zu erkennen. Doch gleich kletterte es recht geschickt wieder ans Ufer und erregte mit seiner Eskapade die Aufmerksamkeit der Geschwister. Sie kamen sofort hinterher, fielen natürlich auch in den Teich und verließen ihn ebenso geschickt wie ihr Anführer. Wie neugierig sie waren! So hatten wir alle Vergnügen an den ersten Freiheitserfahrungen der Tiere, und auch Tamara wirkte ziemlich entspannt. Plötzlich aber sprang sie auf, hob Lena an der Nackenfalte in die Höhe, trug sie ein Stück zur Seite und warf sie wie ein Ringer seinen Gegner auf den Rücken. Das kleine Tier drehte sich wieder auf die Beine, wurde aber von seiner Mutter erneut zu Fall gebracht, und dann wiederholte sich der Ablauf mehrmals. Erst als das kleine Hündchen auf dem Rücken liegen blieb, hörte das Muttertier mit den Übergriffen auf. Das unerklärliche Verhalten von Tamara irritierte uns sehr, und die kleine Lena tat uns leid. Auch in den nächsten Tagen konnten wir mehrmals beobachten, dass Lena von ihrer Mutter gemaßregelt wurde. Doch wofür?

Wir hatten dem Hundetrainer von Tamaras Schwangerschaft erzählt, und er hatte darum gebeten, sich die Welpen eines Tages ansehen zu dürfen. Als er in unserem Wohnzimmer stand und die munteren Tiere um sich herumwuseln sah, nickte er zufrieden und beglückwünschte uns. Er fragte auch nach dem Welpen, den wir behalten wollten. Nachdem er Lena eine Weile lang beobachtet hatte, meinte er, dass wir uns mit ihr ein nettes Alphatierchen ausgesucht hätten, dessen Erziehung sicher nicht leicht werden würde. Als ausgewiesener Fachmann hatte er offensichtlich etwas bemerkt, das uns entgangen war. Nun erzählten wir ihm von Tamaras erzieherischer Strenge gerade diesem Kind gegenüber. Der Hundetrainer nickte. Eine Hündin bemerke die Dominanz eines anderen Tieres schon im Ansatz, erklärte er, und sie steuere sofort dagegen. Davon seien bereits ihre Welpen betroffen. Schließlich würde die Mutter weiterhin an erster

Stelle stehen wollen, und ihre Kinder müssten sich das hinter die Ohren schreiben.

Na prima, dachte ich. Nun würden wir also zwei Hunde mit ausgeprägten eigenen Interessen haben. Das konnte ja noch heiter werden!

15

Siebenmal Abschied

Als die Welpen ungefähr acht Wochen alt waren, setzten wir eine Annonce in die Zeitung. Beagle-Welpen an nette Menschen abzugeben, Telefonnummer, fertig. Schon am Tag des Erscheinens riefen mehrere Interessenten an. Wir fragten sehr genau nach ihren Wohnverhältnissen und nach ihren Erfahrungen mit Hunden. Wenn alles gut klang und das Gespräch freundlich verlief, luden wir sie ein, die Hunde bei uns kennenzulernen. Dann schauten die Leute die Welpen an, und wir schauten die Leute an.

Ein älterer Herr wollte den Hund gleich mitnehmen, wegen der langen Anfahrt, sagte er. Darauf ließen wir uns aber nicht ein. Nach den einschlägigen Empfehlungen wurde zu einer Abgabe frühestens in der zehnten Lebenswoche geraten, und daran wollten wir uns auch halten.

„Ich habe schon jüngere Welpen gehabt", sagte er. „Sie können sich ruhig auf meine Erfahrungen verlassen."

„Wir möchten sie erst in der zehnten Woche abgeben", sagte ich.

Der Mann wurde ungeduldig.

„Wenn Hund, dann heute", sagte er noch einmal und verließ, als er unsere Ablehnung erkannte, kopfschüttelnd das Haus. Das ersparte uns eine Absage.

Am Nachmittag kam eine Familie mit einer dreizehnjährigen Tochter. Das Mädchen war begeistert vom munteren Treiben in unserem Keller. Es setzte sich zwischen die jungen Tiere auf den Boden und nahm gleich Kontakt mit Jule auf, dem kräftigsten Weibchen. Ihre Eltern waren hinter der Absperrung in der Tür stehen geblieben und schauten zufrieden auf die Tiere und auf ihre Tochter.

„Der gefällt dir, nicht, Anna?“, fragte der Vater

„Das ist ein Mädchen. Jule“, erklärten wir.

Anna sprach den kleinen Hund sofort mit seinem Namen an, hielt ihn hoch und berührte dessen kleine Nase mit ihrer. Die Eltern stellten eine ganze Menge Fragen. Zu Hunden ganz allgemein, zu Beagels speziell und zu Jule im Besonderen. Dass sie nicht die Absicht hatten, den Welpen sofort mitzunehmen, zeigte uns, dass sie zumindest eine Vorstellung davon hatten, dass ein Hund nicht einfach nur eine Handelsware ist.

In der kommenden Woche besuchte uns Anna mehrmals ohne ihre Eltern. Sie nahm Jule mit in unseren Garten und spielte mit ihr. Dafür hatte sie ein kleines Halsband und eine dünne Leine mitgebracht. Wir dachten, dass die beiden gut zusammenpassten. Am Tag der Übergabe kamen Annas Eltern mit. Sie nahmen den Impfpass und die Bescheinigung für den Microchip an sich und übergaben uns den Kaufpreis und eine kleine Schachtel Pralinen. Als sie das Grundstück mit unserem kleinen Hündchen verließen, bemerkte ich, dass mir ein Kloß im Hals steckte. Zehn Wochen lang hatten wir nun die Welpen begleitet, kannten jeden einzelnen beim Namen und hatten uns an die prächtige Tierfamilie gewöhnt. Auch Tamara verfolgte die Übergabe sehr genau. Vielleicht fiel es ihr noch schwerer als mir, das kleine Tier verschwinden zu sehen.

Innerhalb einer Woche hatten wir alle sieben Tiere an Menschen vermittelt, von denen wir das Gefühl hatten, sie würden sich gut um die Hunde kümmern. Zwei Interessenten hatten wir in dieser Zeit abgelehnt. Ein älterer Herr mit Alkoholfahne suchte einen Hund, der nachts sein Haus bewachen und darum draußen schlafen sollte. Als wir ihn fragten, ob er vorhabe, regelmäßig mit dem Hund spazieren zu gehen, wich er aus und erklärte stattdessen, dass er schon sehr viele Hunde gehabt habe, die er alle persönlich trainiert und im Griff gehabt habe. Unsere Befürchtung war, dass der kleine Beagle sein Leben im Hof verbringen und vielleicht sogar an eine Kette gelegt werden würde.

„Wir melden uns bei Ihnen“, sagte ich zum Abschied. Mit der telefonischen Absage warteten wir bis zum Abend des kommenden Tages. Je mehr wir über ihn sprachen und uns an sein Auftreten erinnerten, desto größer wurde unsere Skepsis. Es wurde ein unerfreuliches Telefonat. Er nannte mich einen Betrüger und unterstellte mir, dass ich nie die Absicht gehabt hätte, den Hund jemals abzugeben. Ich versuchte ihm zu erklären, dass unsere Vorstellungen von einem zufriedenen Hundeleben anders aussahen als seine. Einen Hund für die nächtliche Bewachung des Grundstückes einzusetzen, gehörte jedenfalls nicht dazu. Der Mann, dessen Namen ich mir nicht gemerkt hatte, wurde ausfallend und drohte mir mit einer Anzeige wegen Tierquälerei. Es hatte keinen Sinn, weiter mit ihm zu sprechen, und ich beendete das Telefonat.

Gundula Mitera, eine alleinstehende Dame mittleren Alters, schlossen wir vom Kauf aus, weil sie sich zu dem Hund, den sie sich ausgesucht hatte, auf den Boden legte und mit einem eigenartigen Monolog auf ihn einredete.

„Wehe, du beißt mich, du kleiner Schlingel. Wenn du mich beißt, muss ich dich auch beißen. Das wird dir ganz schön wehtun. Ich habe immer zurückgebissen. Schon als Kind. Und wenn mich ein Hund beißt, kann ich gar nicht anders, als das Gleiche mit ihm zu machen! Meine Zähne sind sehr scharf."

Meine Frau und ich sahen uns an. Das Thema Beißen war offenbar ein ernstes biografisches Problem bei Frau Mitera. Um sie auf ein anderes Gleis zu schicken, fragte meine Frau sie nach ihren Erfahrungen mit Hunden. „Katzen", sagte sie. Bisher habe sie immer nur Katzen gehabt. Bis heute. Vier oder fünf. Sie lebten draußen, aber sie kämen auch ins Haus.

„Vier oder fünf?", fragte ich nach.

„Ich zähle sie nicht immer. Dafür sind es zu viele. Manchmal kommen noch mehr Katzen. Ich füttere sie alle."

„Heißt das, der Hund muss mit all den Katzen zurechtkommen?"

„Nein. Der Hund wird oben sein. Die Katzen sind nur unten. Nach oben dürfen sie nicht."

„Wollen Sie den Hund oben im Haus einsperren?"

„Es ist zu seinem eigenen Schutz. Katzen sind manchmal unberechenbar. Sie können ganz schön zulangen. Sehen Sie mal hier."

Die Frau streifte einen Ärmel ihres neongrünen Pullovers zurück, zeigte uns frische Kratzspuren.

„Ich denke, Sie sollten ihre vielen Katzen nicht noch zusätzlich mit einem Hund belasten", sagte meine Frau. „Das bringt ja doch sehr viel Unruhe ins Haus."

„Also", sagte ich, um den sonderbaren Gast möglichst schnell loszuwerden, „wir werden Sie morgen im Laufe des Tages anrufen und Ihnen sagen, ob Sie den Hund bekommen oder nicht. Wir müssen erst noch einmal über die vielen Katzen nachdenken!"

Die Frau schien das zu verstehen, und wir begleiteten sie zur Haustür. Als ich ihr am kommenden Tag mitteilen wollte, dass wir den Hund nicht in ein unübersichtliches Rudel von Katzen geben wollten, ging sie nicht ans Telefon. Auch am nächsten Tag war sie nicht zu erreichen. Da sich Gundula Mitera auch nicht mehr bei uns meldete, obwohl sie unsere Nummer notiert hatte, hielten wir die Sache für erledigt. Das ersparte mir außerdem ein weiteres unbequemes Gespräch.

Am Ende kamen alle Welpen in gute Hände. Wir hatten in die Kaufverträge geschrieben, dass wir die Hunde etwa vier Wochen nach der Übergabe in ihrem neuen Zuhause ansehen dürften. Die Käufer waren damit einverstanden, und als wir die sieben Besuche an zwei aufeinanderfolgenden Wochenenden abarbeiteten, freuten sich alle über das Wiedersehen. Wir konnten uns ein Bild davon machen, dass wir bei der Vermittlung offenbar ein gutes Händchen gehabt hatten. Am nettesten war die Visite bei Jule, Anna und ihren Eltern. Die Hündin hatte sich prächtig entwickelt und erkannte uns sofort. Die neue Familie hatte ihr in beinahe jedem Raum einen eigenen Schlafplatz zur Verfügung gestellt, und Anna war oft mit dem Hund draußen. Sogar in einer Hundeschule hatten sie das Tier schon angemeldet.

Wir lebten nun also mit Tamara und Lena. Der kleine Hund orientierte sich mehr an seiner Mutter als an uns. Das konnte zum Problem werden. Wurde es auch. Immer wieder entwischte uns Tamara, und immer häufiger lief Lena einfach hinter ihr her. Einmal war sie auf unser energisches Kommando noch kurz stehen geblieben und hatte uns etwas nachdenklich angesehen, war dann aber doch ihrer Mutter gefolgt, die schon auf dem Weg in den Wald war.

Es gab jetzt zwei Hunde, die es mit dem Daheimbleiben nicht so ernst meinten. Also machten wir an einem Wochenende mit viel Aufwand unser Grundstück ausbruchsicher. Ich überprüfte mögliche Schwachstellen in den Zäunen und besserte die Umfriedung nach, wo es Sinn zu ergeben schien. Bisher hatten wir zu einem unserer Nachbarn statt eines ordentlichen Zauns nur eine Buchenhecke. Dort setzte ich Pfähle, betonierte sie ein, spannte Drähte und schloss somit auch diese Seite des Grundstückes.

Vergeblich. Ein paar Tage später grub Tamara ein Loch am Zaun. Lena stand neben ihr und schien sich die Technik einzuprägen. Auch ich schaute zu, in einiger Entfernung, schritt aber nicht ein. Es faszinierte mich zu sehen, wie die Hunde ganz zielgerichtet eine vorhandene und ungewollte Situation in ihrem Sinne abänderten. Ihre Grabung war nach nicht einmal einer Viertelstunde abgeschlossen. Vor dem Loch war eine keilförmige Abraumhalde entstanden, die zwischen Tamaras Hinterläufen hindurch ins Gelände geschleudert worden war. Der Ausgang des Fluchttunnels lag auf dem Nachbargrundstück. Kaum war der Durchbruch geschafft, kroch Tamara ins Freie, und natürlich folgte ihr Lena sofort. Dieses Mal blieben die Tiere sechs oder sieben Stunden verschwunden. Zurück kehrten sie allerdings nicht durch das Loch unterm Zaun, sondern so, als kämen sie von einem ganz normalen Spaziergang zurück, nämlich durchs Gartentörchen. Das heißt: Sie standen davor, bellten und erwarteten offensichtlich, dass wir ihnen bereitwillig die Tür aufhielten. Wir waren froh, dass sie wieder zuhause waren. Am nächsten Tag schaufelte ich das Loch zu und legte als zusätzliche Hürde noch einen schweren Feldstein darauf. Auch das stoppte die Ausflüge der Tiere nicht, denn bei nächster Gelegenheit kletterten sie an der gleichen Stelle wie zwei Eichhörnchen über den Maschendrahtzaun. Hätte meine Frau es nicht selbst gesehen, wir hätten es nicht für möglich gehalten. Die schmalen Drähte des Zauns waren als Trittleiter bestimmt keine optimale Aufstiegshilfe, und bestimmt schmerzten dabei die Pfoten. Ihr Drang, allein durch den Wald zu streunen, war offenbar so groß, dass sie dafür einige Unannehmlichkeiten in Kauf nahmen.

Um es ganz klar zu sagen: Unsere Hunde waren nicht jeden Tag unterwegs. In der Zeit zwischen ihren Ausflügen verhielten sie sich wie ganz normale Haushunde. Sie blieben bei unserem Kommando am Straßenrand stehen und setzten sich, bis wir ihnen das Zeichen zum Weitergehen gaben. Auch im Hundeauslaufgebiet und ohne Leine gehorchten sie, warteten auf uns oder kamen zurück, wenn wir sie dazu aufforderten. Das Problem: Ihre Fluchten kündigten sich niemals vorher an. Der Impuls dazu schien plötzlich zu kommen, vielleicht durch einen verführerischen Geruch am Waldboden oder eine interessante Bewegung in der Ferne. Es war, als folgten die Tiere dann einem in diesem Augenblick erzeugten Signal ihres Körpers, das so heftig war, dass sie es nicht ignorieren konnten.

Die Ausflüge unserer Hunde waren nicht ungefährlich. Weder für die Hunde selbst noch für unbeteiligte Dritte. Die Tiere überquerten bei ihren gemeinsamen Spaziergängen gut befahrene Straßen, sie konnten Wildschweinen begegnen oder Jägern, die sie hätten abschießen können. Nicht zuletzt konnten sie schwere Unfälle verursachen, und dann war es eine Frage der Beweislast, ob wir sie fahrlässig hatten ziehen lassen oder sogar unserer Aufsichtspflicht nicht nachgekommen waren. Insofern waren ihre Touren auch für uns gefährlich – zumindest juristisch gesehen.

Immer wieder riefen uns Nachbarn an, die die Hunde irgendwo erspäht hatten und uns über ihren momentanen Standort informieren wollten. Im Viertel kannte sie bald jeder, und jeder wusste auch, dass es unsere Hunde waren. Irgendwie war die Sache vertrackt. Weder wollten wir die Hunde fest einsperren oder für immer an die Leine legen, noch waren wir glücklich über ihren Eigensinn. Uns war klar, dass wir den Jagdtrieb unserer Beagles gründlich unterschätzt hatten und auch die Folgen, die sich daraus ergaben. Beim nächsten Mal, sagten wir uns, werden wir uns einer anderen Hundeart zuwenden. So nett und freundlich die Beagles auch sind.

16

Flug-Hunde

Schon länger hatten wir die Idee, wieder einen Urlaub in Griechenland zu machen. Nach mehreren Inselbesuchen mit unseren damals kleinen Kindern sind wir später noch einmal zu zweit auf dem Festland gewesen, aber auch das war nun schon wieder lange her. Jetzt wollten wir auf die Kykladeninsel Paros reisen. Die Frage war nur: Würden wir unsere beiden Hunde mitnehmen können? Bei kleinen kulturellen Wochenendreisen nach Hamburg oder München hatten wir sie schon mehrmals zur Familie unserer Tochter gegeben. Menschen und Tiere kannten sich gut, die Umgebung war ihnen vertraut, und insbesondere die Enkel hatten Freude an den zwei munteren Haustieren auf Zeit. Auch die Beagles waren gern dort, denn sie wurden nach Strich und Faden von den Kindern verwöhnt – mit nahezu allem, was Küche und Kühlschrank hergaben. Meistens nahmen die Hunde in den drei Pflegetagen ordentlich zu und mussten nach der Reise eine strenge Diät machen. Für wenige Tage war die Unterbringung also kein Problem. Doch drei Wochen sollten Tamara und Lena nicht ohne uns verbringen – und wir wollten auch nicht ohne sie sein. Wir baten unsere Tierärztin um eine Einschätzung und erfuhren, dass eigentlich nichts dagegensprach, die Hunde für ein paar Stunden in einer passenden Hundebox im Frachtraum des Flugzeuges einzusperren. Im Gegenteil: Sollten die Hunde einmal medizinisch versorgt und dann beobachtet werden müssen, war es gut, wenn sie schon mal Erfahrungen mit einer ähnlich engen Behausung gemacht hatten.

Wie vieles im Zusammenleben mit Hunden musste auch eine längere Reise gut vorbereitet werden. Zuerst schafften wir zwei verschließbare Boxen mit vergitterten Türen und Fenstern an, nicht zu groß, jedoch groß genug, damit jedes Tier in seinem Reisebehälter bequem stehen konnte, ohne den Kopf einziehen zu müssen. Die Mitreise von Hunden ließen sich die Fluggesellschaften gut bezahlen. Hundertzehn Euro verlangten sie pro Tier und Strecke. Das war fast so teuer wie ein Sitzplatz in der Economy-Class. Immerhin wurden die Behälter mit den Tieren in einem beheizten Abteil des Laderaums verstaut.

Zur weiteren Vorbereitung gehörte die Tollwutimpfung mit der gleichzeitigen Anfertigung eines EU-Reisepasses. Die Impfung musste nach den internationalen Vorgaben bei Antritt der Reise schon mehrere Wochen zurückliegen, damit eine Wirkung garantiert war. Wir schafften es gerade noch rechtzeitig in dieser Frist. Hätten wir sie verstreichen lassen, hätten wir unsere Urlaubsanträge, die Buchungen für Flug, Fähre, Mietwagen und Ferienhaus noch einmal ändern müssen. Solch ein Malheur wäre typisch für mich gewesen, doch dieses Mal hatte ich genau aufgepasst.

Eine letzte Vorbereitung für die Reise mit Hunden betraf eine Entscheidung medizinischer Art: Sollten wir den Tieren vor dem Verladen ein beruhigendes Medikament geben? Die Ärztin erklärte uns das Für und Wider, die letzte Entscheidung sollten wir aber selbst treffen. Damit taten wir uns schwer. Prinzipiell wollten wir die Tiere eigentlich nicht sedieren, und auch die Tatsache, dass sie im Dämmerzustand nicht so gut auf Turbulenzen reagieren und sich abfangen konnten, sprach eigentlich dagegen. Auf der anderen Seite sollten sie durch ihre Transporterlebnisse nicht beunruhigt oder verängstigt werden. Das ging schon mit der Verladung der Boxen auf das Transportvehikel los. Auf dem Vorfeld abgestellt, mussten sie die intensiven Kerosinschwaden ertragen und vor allem den donnernden Lärm der in kurzer Entfernung startenden Flugzeuge. Schließlich mussten sie auch im Inneren des Flugzeuges ungewohnte Geräusche und starke Beschleunigungs- und Abbremsbewegungen bei lauten Triebwerken ertragen. Wir verschoben die Entscheidung der Medikation auf den Abflugtag.

Da wir vom Athener Flughafen aus nach Piräus kommen und eine Fähre nehmen mussten, waren vorher noch die Bedingungen zur Mitnahme von Hunden auf dem Schiff und die Frage nach einer hundetauglichen Unterkunft am Reiseziel zu klären. Ein Hotel, in dem Hunde zugelassen waren, fanden wir schneller als gedacht. Der Hotelmanager verlangte für die zwei Tiere eine Extragebühr von zehn Euro pro Tag. Auch auf der Fähre fielen zusätzliche Kosten an. Wir buchten eine Pet-Kabine, die für gemischte Reisegruppen wie unsere vorgesehen war. Die Alternative wäre ein Zwangsaufenthalt der Hunde in einem Gitterverschlag auf dem lauten Autodeck gewesen. Das wollten wir Tamara und Lena nach dem Flug nicht auch noch zumuten.

Weil wir nicht wussten, wie schnell wir auf der griechischen Insel an Hundefutter kamen, packten wir einen zusätzlichen Koffer mit der ihnen vertrauten Nahrung. Natürlich verlangte die Fluggesellschaft für dieses Übergepäck ein stattliches

Extrahonorar. Als wir Freunden von der bevorstehenden Reise, der umständlichen Organisation und den Extrakosten erzählten, hielten sie uns für verrückt. Vielleicht hatten sie sogar ein bisschen recht. Allein mit den Zusatzkosten für die Hunde hätten wir bequem eine Wochenendreise nach München oder Hamburg in einem Hotel der Oberklasse finanzieren können. Natürlich nur ohne Hunde.

Am Reisetag entschieden wir uns hinsichtlich der Beruhigungstabletten für einen Kompromiss. Wir gaben beiden Hunden nur ein Viertel der empfohlenen Dosis, die wir im Inneren zweier Leberwurstbatzen versteckt hatten. Tamara und Lena verschlangen den verborgenen Wirkstoff ohne genaue Prüfung. Viel lieber wäre es uns gewesen, wenn die Tierärztin ganz klipp und klar eine Empfehlung ausgesprochen hätte. Immer wurde man mit solchen wichtigen Entscheidungen alleingelassen!

Die Hundeboxen mussten beim Schalter für Sperrgepäck aufgegeben werden. Also gut. Lebende Hunde zwischen Tauchausrüstungen, Surfbrettern, Kinderwagen und Golfequipment. Die Tiertransportboxen kamen dort zunächst in die Röntgenanlage. Ohne Hunde. Dann wurden die Kisten nach Sprengstoff abgesucht. Schließlich prüfte man Tamara und Lena noch mit dem Metalldetektor. Danach sollten wir sie einsperren. Tamara störte das nicht. Sie legte sich, kaum dass die kleine Gittertür eingehakt war, auf die bereitgelegte Decke. Lena hingegen machte Bambule. Als ich versuchte, sie in ihre Box zu heben, spreizte sie ihre Beine so weit auseinander, dass es unmöglich war, sie einfach in die Öffnung zu schieben. Ich setzte sie noch einmal ab, redete ihr kurz zu und versuchte es ein zweites Mal. Das gleiche Spiel. Dieses Mal unterstützte sie ihre Ablehnung noch mit Gebell. Die

Männer von der Sicherheit schmunzelten. Machten sie sich über das ängstliche Tier lustig oder über mich, der ich erfolglos versuchte, den gewünschten Endzustand der Verladung zu erreichen? Es blieb mir nichts anderes übrig, als Lenas Vorderbeine mit einer Hand zusammenzuhalten und gemeinsam mit dem Kopf voran in die Kiste zu drücken. Es funktionierte. Lena zog die hinteren Extremitäten nach, drehte sich in der Box um und schaute mich verständnislos durch das Gitter an, das ich schnell zuklappte. Vielleicht war es keine gute Idee, die arglosen Hunde derart wider ihren Willen eingepfercht mit auf Reisen zu nehmen. Doch für eine andere Lösung war es jetzt zu spät. Außerdem konnten Tamara und Lena die Erfahrung machen, dass der kurzen, ungewohnten und vielleicht auch missliebigen Anreise eine besonders schöne und entspannte Zeit folgte. Nun aber saßen sie erst einmal in ihren Verliesen. Die Leute von der Sicherheitsfirma wiesen uns an, so lange am Schalter stehen zu bleiben, bis die Hunde im Gepäckverteilcenter im Untergeschoss angekommen waren. Der Weg dorthin wurde mit dem Fahrstuhl zurückgelegt. Leider hatte der Fahrstuhlführer gerade Pause. Ersatz wurde bestellt. Nach einer Ewigkeit kam ein Mitarbeiter im Blaumann. Als er den Knopf des Fahrstuhls drückte, wollten wir gehen. Halt! Wir mussten bleiben, bis das rote Licht über dem Fahrstuhl grün wurde und damit feststand, dass der Lift sein Ziel erreicht hatte. Im Augenblick war der Fahrkorb aber noch auf dem Weg nach oben. Es handelte sich um einen extrem langsamen Aufzug. Endlich öffnete sich die Tür, der Ersatzfahrstuhlführer zog die Hundeboxen ins Innere des Lifts, machte die Tür von innen zu und fuhr nach unten. Es dauerte. Endlich schaltete das Licht vorschriftsgemäß um, und wir konnten zur Sicherheitskontrolle gehen.

Am Athener Flughafen dauerte die Ausgabe der Kisten länger als die Abfertigung in Berlin. Nachdem wir die Boxen bekommen hatten, ließen wir die Hunde hinaus und stapelten Koffer und Hundebehälter auf zwei Rollwagen. Damit, meinten wir, sei der anstrengendste Teil der Anreise überstanden. Das war ein Irrtum, wie sich zeigte. Am gesamten Flughafen schien es kein einziges Taxi zu geben, das einen genügend großen Kofferraum für all unser Gepäck hatte. Der einzige Kleinbus war vorbestellt worden, und so blieb mir nichts weiter übrig, als die sperrigen Hundekäfige auf dem Boden kniend in der griechischen Nachmittagshitze auseinanderzubauen. Am Ende hatte ich viele Einzelteile produziert und die zwei Boxen in vier Plastikhälften zerlegt, die sich so wenigstens ineinanderstapeln ließen. Der erste Taxifahrer hatte schon seinen Kofferraum geöffnet, als er plötzlich unsere Hunde bemerkte und sein Dienstleistungsangebot gleich wieder zurückzog.

„No dogs in the taxi – only in the boxes!"

Das war nicht lustig, denn die sperrigen Tierbehausungen hatte ich ja gerade mit viel Mühe auseinandergebaut. Endlich hielt ein dunkler Mercedesbus neben uns – wahrscheinlich hatte ihn ein freundlicher Mensch für uns gerufen. Der Fahrer stieg aus und half uns beim Verladen. Die Hunde durften sogar vor unseren Füßen im Fahrgastraum sitzen. Als wir losfuhren, lag unsere Landung am Flughafen schon zwei Stunden zurück.

Die Fahrt zum Hotel in Piräus dauerte eine weitere Stunde. Die Hunde schliefen. Der Transport im Großraumtaxi kostete über hundert Euro. Wie gut, dass wir die Fähre nicht für den gleichen Tag gebucht hatten, denn dann hätten wir sie schon auf dem Weg nach Piräus verpasst.

Im Hotel bekamen wir ein hundefreundliches Zimmer, in dem kleine Tütchen mit Hundetrockenfutter und zwei Rollen Hundebeutel bereitlagen. Zu unserer Entlastung war man bereit, die klobigen Hundeboxen bis zum Abflugtag drei Wochen später in einem hoteleigenen Lagerraum aufzubewahren. Unentgeltlich. Das vereinfachte das Boarding im Hafen am nächsten Tag erheblich. Ich zog die zwei Rollkoffer, meine Frau übernahm die Führung der Hunde. Die Pet-Kabine war auf dem sechsten Deck. Ein sauberer kleiner Raum mit Fenster, es gab ein Duschbad mit Toilette, und gleich neben unserer Kabine war der Durchgang zum offenen Deck. Die Fähre legte pünktlich um 7:35 Uhr ab, wir verfolgten die Hafenausfahrt im Freien und legten uns dann noch einmal in die Betten der Kabine. Die Hunde schliefen auf dem Boden.

Es wurde ein erholsamer Urlaub ohne Zwischenfälle, Tamara und Lena hatten eine gute Zeit an den Stränden und auf unseren Wanderungen, und die meisten Hotelgäste verliebten sich in die Beagles. Vor allem Kinder streichelten sie immer wieder und gaben ihnen kleine Teile ihres Frühstücksbrotes.

Nur bei der Rückgabe des Mietwagens gab es noch einmal ein Problem. Beim ersten Blick in den Beifahrerfußraum stellte der Vermieter fest, dass sich viele Hundehaare im Gewebe aus Nadelfilz verfangen hatten. Für die Reinigung müssten wir extra zahlen, sagte er. Ich schaute mir den Fußraum genauer an und musste dem Mann recht geben. Tatsächlich sah es dort so aus, als hätten wir ein Mietfahrzeug mit Beagle-Haarboden bestellt. Wir gaben wir ihm die verlangten vierzig Euro. Ein Urlaub mit zwei Hunden ist eben ein besonderer Luxus, den es nicht umsonst gibt.

Für den Rückweg vom Hotel in Piräus bestellten wir gleich in der Rezeption ein Auto, das groß genug war und dessen

Fahrer nichts dagegen hatte, dass die Hunde mit im Fahrgastraum saßen. Das klappte gut. Ein gewisser Kostas holte uns rechtzeitig ab, wir bezahlten noch einmal hundert Euro und beschlossen, die nächsten Urlaube wieder an Orten zu machen, die auch ohne Flugzeug, Fähre und Großraumtaxi zu erreichen waren.

17

Tamara wird krank

Unser Leben mit den zwei Hunden war interessant und erfüllend. Es war schön, den Tieren zuzuschauen, wenn sie sich miteinander beschäftigten, sich aneinander orientierten und aufeinander einstellten. Sie waren beide gesund, überstanden immer wieder ihre Ausflüge, und sie waren auch fest in unseren Tagesablauf integriert. Natürlich wussten wir, dass Hunde im Allgemeinen nur zehn bis fünfzehn Jahre alt werden und dass man eines Tages Abschied von ihnen nehmen muss. Doch auch die ältere Tamara war noch recht vital und hatte keine erkennbaren gesundheitlichen Beeinträchtigungen. Mehr noch: Sie war viel gesünder als viele Hunde, denen wir im Laufe der Jahre begegneten. Abgesehen von den Hunden jener Tierarztpraxis, in der man auf Herzprobleme spezialisiert war, kannten wir Hunde mit Gelenkschmerzen oder mit Nahrungsmittelunverträglichkeiten, mit immer wiederkehrenden Pilzinfektionen oder Nierenproblemen, mit faulen Zähnen und Verdauungsstörungen, mit ständigen Wirbelsäulenproblemen oder eingewachsenen Krallen. Das alles hatte Tamara nicht. Nur hatte ich manchmal das Gefühl, dass sie nicht mehr so gut hörte wie früher. Doch ganz zutreffend war das wohl auch nicht, denn obwohl unsere Kommandos scheinbar an ihr vorübergingen, nahm sie deutlich leisere Geräusche sehr wohl zur Kenntnis. Wenn ich zum Beispiel eine Tüte mit Erdnussflips aus der Schublade zog, kam sie aus der hintersten Ecke des Hauses heran und forderte ihren Anteil ein. Lediglich ihre Augen hatten sich ein wenig eingetrübt. Das war ein beginnender Grauer Star, der auch bei Haustieren nicht unüblich ist, Hunde aber wenig beeinträchtigt, weil sie sich vor allem durchs Hören und Riechen in ihrer Umwelt orientieren.

Als Tamara fast vierzehn Jahre alt war, bemerkten wir eine Schwellung an der Innenseite ihres rechten Hinterbeins, genauer: an ihrer Leiste. Meine Frau tastete die Struktur ab, was Tamara nicht zu gefallen schien. Erst zog sie das Bein nur weg, bei der zweiten Berührung knurrte sie. Vielleicht tat ihr der walnussgroße Knoten weh? Wir gingen zur Tierarztpraxis. Als die Doktorin die Verdickung abtasten wollte, schnappte Tamara nach ihrer Hand. Das war sehr ungewöhnlich. Noch nie hatte sie auch nur ansatzweise jemanden gebissen.

„Sie wird Schmerzen haben“, sagte die Tierärztin und schlug uns vor, zur genauen Abklärung der Ursache Tamaras Blut zu untersuchen und eine Gewebeprobe des Knotens zu entnehmen. Wir sollten das Tier festhalten, und sie bekam zum ersten Mal in ihrem Leben einen Maulkorb. So in seiner Bewegung eingeschränkt, tat mir der Hund leid. Er hatte es nicht verdient, krank zu sein und gegen seinen Willen fixiert zu werden! Der Anblick war jämmerlich. Zwei Einstiche folgten, einer in eine Vene der Vorderpfote, ein weiterer in die Schwellung. Nach fünf Tagen rief die Tierärztin an. Man habe Krebszellen in der Gewebeprobe gefunden. Keine Frage: Das fremdartige Gebilde war ein bösartiger Tumor. Konnten wir da noch etwas machen? Ihn herauszuschneiden, war nicht sinnvoll, denn auch im Blut von Tamara hatte das Labor

Tumorzellen gefunden, so dass wir davon ausgehen mussten, dass der Krebs schon gestreut hatte.

Ich gebe zu: Ich kam schwer mit dem Gedanken zurecht, unseren Beagle eines Tages einschläfern zu lassen. Die Entscheidung stand aber aus, denn wir wollten der Hündin auf keinen Fall wochen- oder monatelange Schmerzen und Zwangsaufenthalte in einer Klinik oder der Tierarztpraxis zumuten. Mit kranken Tieren ist es wie mit kranken Kleinkindern. Dass man ihnen nicht erklären kann, was mit ihnen geschieht, dass sie wieder gesund werden und dass sie nur etwas Geduld brauchen – all das ist einem Wesen ohne ausreichendes Sprachverständnis nicht vermittelbar. Das war neben unserem Mitleid eine weitere Belastung.

Tamara schien in den kommenden Wochen nicht besonders beeinträchtigt zu sein. Allerdings machte sie nun überhaupt keine Ausflüge mehr und schlief auch länger als sonst. Vielleicht spürte sie, dass ihr Körper schwächer wurde. Ihr Appetit blieb bis zum Schluss beachtenswert. Im Gegensatz zu all den vorherigen Jahren, in denen wir immer darauf geachtet hatten, dass sie nicht zu viel fraß, verwöhnten wir sie jetzt täglich mit kleinen Häppchen zwischendurch. Sie bekam Käsewürfel, kleine Brotstücke mit Butter und Leberwurst und vor allem jede Menge getrocknete Schlachtabfälle, die sie zeitlebens immer gierig zerbissen und verschlungen hatte. Bald ließ sie die Rindernasen und Hühnerkrallen jedoch liegen. Manchmal nahm sie sie zwar noch vorsichtig in ihr Maul, legte sie dann aber wieder vor sich ab. Offenbar hatte sie nun auch Probleme beim Zubeißen. Wenn Lena versuchte, ihr den abgelegten Knorpel wegzuschnappen, bellte Tamara energisch. Auch wenn sie die Leckerei nicht mehr aß – besitzen wollte sie sie weiterhin. Die Tierärztin, die wir noch einmal aufsuchten, hielt es für möglich, dass sich der Krebs nun auch in einem Teil des Kiefers ausgebreitet hatte. Dafür sprach die räumliche Nähe zu ihrem linken Auge, das seit ein paar Tagen rot und entzündet war und dessentwegen wir eigentlich in die Praxis gekommen waren. Beim Versuch, das Lid hochzuziehen und ihr ein paar lindernde Augentropfen zu geben, schnappte Tamara schon wieder nach der Hand der Ärztin. Das Auge musste stark schmerzen.

Nun sprachen wir also auch über das Einschläfern. Sollte es dem Tier sichtlich schlechter gehen, konnten wir die Doktorin jederzeit anrufen. Sie wollte für ihre letzte Behandlung zu uns nach Hause kommen, wenn wir es wünschten. Bis dahin sei aber noch Zeit. Solange das Tier mit Appetit essen würde, seine Ausscheidungen unauffällig seien und wir das Gefühl hätten, sie könne sich noch an uns, dem Futter oder einem Spaziergang freuen, könnten wir davon ausgehen, dass ihre Lebenskraft noch ausreichte und die Schmerzen nicht überwogen.

Tamaras ständiger Appetit blieb zunächst unverändert. Kaum holten wir die Futterdose aus dem Kühlschrank, sprang sie von ihrem Lager auf, lief zu uns, stellte sich auf die Hinterbeine, tanzte zweibeinig neben uns her, um auf dem Weg zum Badezimmer, wo die Fressnäpfe standen, möglichst auf Augenhöhe mit der Dose zu bleiben. Sie war so gierig, dass es uns kaum gelang, das Feuchtfutter löffelweise von der Dose in ihren Napf umzufüllen, weil sie immer ihre Schnauze dazwischenhielt. Nach dem Feuchtfutter verschlang sie ihr Trockenfutter, und wenn wir die Portion für Lena zurechtmachten, mussten wir sie immer noch am Halsband davon abhalten, sich auch über deren Anteil herzumachen. Das regelmäßige Fressen zweimal am Tag blieb ihre einzige aktive

Unternehmung. Keine Frage – sie war alt geworden, doch wir glaubten, sie habe ein schönes, weitgehend selbstbestimmtes Leben geführt. Ob sie es selber auch so gesehen hätte?

Natürlich nicht! Hunde leben im Augenblick. Sie machen sich keine Gedanken über vergangene und zu erwartende Ereignisse, wahrscheinlich noch nicht einmal über die nächste Fütterung.

Tamaras Auge begann anzuschwellen, und bald tat es ihr sogar weh, wenn wir sie vorsichtig am Kopf streichelten. Sie wich wie ein oft geschlagener Hund vor unseren Händen zurück, und es wurde uns immer klarer, dass das Abschiednehmen längst begonnen hatte. Als sie an einem Morgen blutigen Stuhl ausschied und auch nicht mehr fraß, riefen wir die Tierärztin an.

Die Prozedur des Einschläferns war belastend. Ich hatte schon einige Filme gesehen, in denen zum Tode Verurteilte zwischen zwei Wachleuten zum elektrischen Stuhl, zur Liege für die Giftspritze oder zum Galgen geführt wurden. Das Gefühl der Abscheu, das ich dabei empfunden hatte, der Ekel vor der Gewalt der Henker und vor allem die kaum vorstellbare Demütigung der noch lebenden Verurteilten in den letzten Minuten vor ihrem Tod stellte sich auch jetzt ein, als die Tierärztin mit der Helferin in unserem Wohnzimmer stand und ihre Tasche auspackte. Zu wissen, dass ein lebendiges Wesen, das man liebt und das man atmend vor sich sieht, in wenigen Minuten gestorben sein wird, ist eigentlich nicht auszuhalten. Demgegenüber stand unsere Verantwortung für das Tier.

Die Tierärztin war sehr einfühlsam und geduldig, beschrieb uns in aller Ruhe den Ablauf des Vorganges und gab uns Zeit, uns von Tamara zu verabschieden. War es richtig, über den Tod unseres Hundes zu entscheiden? Oder war unser Entschluss durch die tiefe Verbundenheit zu dem vertrauten Tier, das nicht über Stunden und Tage verdämmern sollte, gerechtfertigt? Wenn doch der arme Hund nur einmal mit uns sprechen und uns seine Vorstellung vom eigenen Tod übermitteln könnte!

Als die Frauen wieder gegangen waren, setzten wir uns zu dem toten Tier auf den Boden, deckten es vorsichtig mit einer Decke zu, streichelten seinen Kopf, nahmen Lena auf den Arm und heulten. Lena hatte sich alles genau angeschaut. Von ihrer toten Mutter wendete sie jedoch den Kopf ab.

Am Nachmittag hob ich ein Grab im Garten aus. Wir legten Tamara hinein. Lena saß neben uns und schaute abwechselnd zu uns und zu dem Karton, der nach ihrer Mutter roch. Meine Frau hatte ein paar Blumen besorgt. Als das Grab fertig bepflanzt war, holten wir unsere Fotokiste und erinnerten uns mit Hilfe der Bilder an die vielen guten Zeiten mit dem Hund. Urlaube und Spaziergänge, die Fotos von Tamara als Welpe und die mit den Enkeln, die die Hündin immer wieder mit Freude ausgeführt und gefüttert hatten. Nach der Geburt von Lena hatten wir weniger fotografiert. Es ist wie mit Kindern: Beim ersten Mal ist noch alles neu und wird begeistert dokumentiert, bei allen folgenden Kindern kommt der Drang, die schönen Momente festzuhalten, allmählich zur Ruhe.

Wir vermissten Tamara. Zugegeben, sie war kein einfacher Hund, wir hatten sie nicht richtig im Griff gehabt und es versäumt, sie wenigstens so weit zu erziehen, dass sie nicht regelmäßig fortrannte. Andererseits hatten wir alle keine Freude daran, ein hartes, ausdauerndes Training mit ihr zu absolvieren, an dessen Ende vielleicht ein gehorsamer Hund herausgekommen wäre, der demütig auf das nächste Kommando wartet. Dass sie ihre Freiheit nutzte und ausleben konnte, war vielleicht eine ganz besondere Qualität ihres Daseins. Ob ihr Jagdtrieb jemals zum Schaden eines Wildtieres geführt hatte oder aufs Verfolgen von Spuren beschränkt geblieben war, wussten wir natürlich nicht.

Tamara fehlte uns besonders in den ersten Wochen. Es gab kein Gedränge am Futternapf mehr, wir mussten sie nicht mehr mehrmals zu uns rufen und auch ihr Lieblingskörbchen unter dem Tisch in der Küche war verwaist, denn Lena benutzte es nicht. Das Haus wirkte leerer.

18

Alles auf Anfang

In den Wochen und Monaten nach Tamaras Tod wirkte Lena verändert. Sie war ängstlicher geworden, erschrak bei Geräuschen, die ihr früher nichts ausgemacht hatten, sie bellte, wenn sie andere Hunde sah und hielt sich häufiger in unserer Nähe auf. Der Verlust ihrer Mutter und Gefährtin hatte sie offenbar verunsichert. Immer wieder schnüffelte sie in den Räumen herum, ganz so als wolle sie nicht glauben, dass das andere Tier für immer verschwunden sei. Vielleicht konnte sie es doch irgendwo finden.

Wir machten in dieser Zeit längere Spaziergänge mit ihr. Lenas Trauerphase dauerte vielleicht ein halbes Jahr. Irgendwann stellten wir fest, dass sie eigentlich wieder wie früher war. Fast so wie früher, denn genau wir ihre Mutter neigte auch Lena neuerdings dazu, sich weniger zu bewegen. Sie war jetzt fast zwölf Jahre alt, rannte kaum noch fort, und manchmal mussten wir sie sogar zwingen, mit uns eine Runde im Viertel zu drehen. Vielleicht werden alle älteren Hunde so? Oder nur Beagles? Wenn wir Lena ableinten und nicht aufmerksam waren, kam es vor, dass sie eigenmächtig kehrtmachte und dann vor unserem Gartentörchen auf uns wartete.

„Wollen wir ihr noch einmal einen zweiten Hund zur Seite geben?“, fragte meine Frau eines Tages. Sie hatte sich wohl schon länger mit der Idee beschäftigt und meinte, dass vielleicht ein junger Pudel eine gute Idee sei.

„Was meinst du?"

Ich dachte einen Augenblick lang nach. Was für den Pudel sprach, waren die Erfahrungen und Erinnerungen meiner Frau. Sie wusste, worauf es beim Leben mit solch einem Hund ankam und was wann zu tun war. Was gegen ihn sprach, war die vergleichsweise umständliche Pflege seines Fells. Das hatte ich ganz am Anfang unserer Bekanntschaft bei ihrem Pudel Pittelchen erlebt. Seine Frisörbesuche dauerten deutlich länger als die Dauerwellenherstellung bei meiner Schwiegermutter. Außerdem hatte ich schon viele Pudel gesehen, die ziemlich albern aussahen, weil man sie so geschoren hatte, wie man es manchmal auf alten Abbildungen sieht und wie man ihnen gelegentlich auch noch heute begegnet: mit Fellkugeln über den Füßen und kahlgeschorenen Schnauzen und Läufen. Dann dachte ich aber auch daran, dass wir beide die Zeit mit zwei Hunden sehr genossen hatten und dass nach allem, was ich damals mitbekommen hatte, ein Pudel ausgesprochen aktiv, gelehrig und verspielt sein konnte. Vielleicht war es eine gute Idee, den alten Beagle noch einmal mit der Energie eines quirligen jungen Tieres zu konfrontieren. In den kommenden Wochen reifte die Idee, und schließlich riefen wir eine Züchterin an, die uns empfohlen worden war. Wir waren bereit für den nächsten Hund.

Ein verregneter Tag im März. Frau Aab, die Pudelzüchterin, lebt in einem kleinen Ort in Franken. Als wir das Haus gefunden hatten und ausstiegen, hörten wir von drinnen bereits das helle Bellen junger Hunde. Auf einem großen eingezäunten Areal bewegten sich ältere Pudel wie auf einer Weide. Ihre elegante, leicht wippende Art der Fortbewegung war mir noch nie aufgefallen. Sie erinnerte an den Trab von Pferden. Lena hatten wir mitbringen können, doch als wir mit ihr vor der Haustür standen, passierte etwas Merkwürdiges. Sie zog an der Leine und wollte ins Auto zurück. Ich zog auch an der Leine und setzte mich durch. Als Frau Aab uns aufforderte, ins Haus zu kommen, stemmte sich unser Beagle vehement gegen die Schwelle. In dieses Haus wollte sie unter keinen Umständen! Ahnte sie vielleicht, was wir hier vorhatten, und zeigte uns nun, dass sie keineswegs einverstanden damit war?

Die Welpen tummelten sich in einem gefliesten Raum im Erdgeschoss. Sieben kleine Pudelkinder. Acht Wochen alt und ausgesprochen mobil. Sie rannten hintereinander her und schnappten nach den Schwänzen der anderen, sie sprangen aufeinander zu und rollten gemeinsam über den Boden, zwei tranken an den Zitzen des Muttertiers, das völlig entspannt auf einer Decke mit Pudelmuster lag und wenig Notiz von uns nahm. Das alles erinnerte uns sehr an die Zeit mit den Beagle-Welpen. Meine Frau hielt Lena an der kurzen Leine dicht neben sich, wo sie kleinlaut und fast unbewegt sitzen blieb und die jungen Hunde keines einzigen Blickes würdigte. Mehr noch: Sie wandte ihren Kopf krampfhaft zur Seite, als dächte sie: Was ich nicht sehe, gibt es auch nicht.

Bei unserem Telefonat mit Frau Aab hatten wir erfahren, dass der komplette Wurf schon vergeben war, dann aber einer der Interessenten mit seinen Kindern kam, die nach den Welpen getreten hatten, so dass die Züchterin die Abgabe an diese Familie verweigerte. Nun konnten wir dieses Pudelkind übernehmen. Eine günstige Gelegenheit. Ebenso günstig war, dass es sich um ein kleines Tier handelte, das wir zukünftig mit in die Flugzeugkabine würden nehmen können. Dann bleib ihm das Eingesperrtsein in der Hundebox erspart. Das war jedenfalls unser Plan.

„Pia heißt sie", sagte Frau Aab. Wir schmunzelten, denn wir erinnerten uns sofort an die Geschichte mit Bessy. Auch bei Pia wollten wir es nicht belassen, sagten aber erst einmal nichts dazu. Während wir dem Hund, der von Frau Aab Pia genannt wurde, beim Spielen zuschauten, erzählte uns die Züchterin, dass sie seit nunmehr zweiunddreißig Jahren mit Pudeln arbeitete und immer noch Freude daran habe. Im Gegensatz zu vielen anderen Züchtern behalte sie die Muttertiere nach der Zeit ihrer Reproduktionstätigkeit. Sie könnten in Ruhe auf dem Hof alt werden, vielleicht hätten wir sie ja draußen gesehen.

Unser kleiner Pudel kam uns besonders aktiv vor. Während die anderen sich ab und zu hinlegten und eine Pause machten, rannte unser zimtfarbener Welpe ununterbrochen hin und her, zog an Tüchern und Lappen, bellte seinen Geschwistern auffordernd zu, sprang auf die Matratze, auf der Frau Aab Platz genommen hatte, sprang herunter und entdeckte alsbald einen kleinen Ball, der sofort mit den Pfoten zum Rollen gebracht und dann gejagt und wieder eingefangen wurde. Nach einer Weile gab uns Frau Aab den kleinen Pudel in die Hand. Es war ein schönes Hautgefühl, denn das lockige und sehr weiche Fell dieses Tieres unterschied sich deutlich vom glatten und härteren Haar des Beagles neben uns.

„Wie oft lassen Sie ihre Tiere scheren?", fragte ich beiläufig. Um die Haare der Beagles hatten wir uns nie kümmern müssen. Wenn sie ihre Schuldigkeit getan hatten, fielen sie einfach aus. Fertig. Das Ergebnis dieses Prozesses mussten wir nur alle paar Tage mit dem Staubsauger beseitigen. Beim Pudel sah die Sache anders aus.

„Alle sechs Wochen“, erklärte Frau Aab, „aber Sie müssen den Pudel natürlich jeden Tag ausgiebig bürsten und kämmen, sonst verfilzt sein Fell. Und wenn es erst mal verfilzt, kommen Sie auch nicht mehr mit dem elektrischen Scherer durch. Sie hatten noch keine Pudel, nicht wahr?“

„Nein. Nur Beagles“, sagte ich, obwohl das auf meine Frau ja nicht zutraf. Ich wollte jetzt aber nicht über Jahrzehnte sprechen.

„Das ist ein Unterschied“, fuhr Frau Aab fort. „Sie müssen einen Pudel wirklich jeden Tag bürsten. Dafür ist sein Fell antiallergisch. Pudel können auch mit Menschen zusammenleben, die Tierhaarallergien haben. Das ist bekannt!“

Wir nickten artig. Der kleine Welpe in unseren Händen schaute neugierig zwischen Frau Aab, uns und seiner Familie hin und her. Die Züchterin hatte seine Barthaare abgeschnitten, so dass die Schnauze völlig unbehaart war. Das wollten wir in Zukunft auf keinen Fall machen, denn diese klassische Pudelfrisur entsprach nicht ganz den Richtlinien des Tierschutzes. Barthaare sind feine Tastorgane des Hundes, die eigentlich nicht entfernt werden dürfen. Es ist eine der Kehrseiten von sogenannten Rassezuchten, dass irgendwelche Vereine optische Standards für sie festlegen, an denen sich viele Züchter und Besitzer orientieren, so wie früher, als den jungen Tieren gleich nach der Geburt große Teile der Schwänze und Ohrläppchen abgeschnitten wurden.

Der kleine Pudel beroch unsere Gesichter und Hände, und so entstand eine erste und zarte Bindung. Nach einer knappen Stunde verließen wir Frau Aab und ihren Zuchtbetrieb. In zwei Wochen würden wir wiederkommen und den Hund zu uns nehmen. Als wir die Autotür öffneten, war Lena schneller hineingesprungen als jemals zuvor. Sie wollte schleunigst weg von diesem unheilvollen Ort. War es wirklich eine gute Idee, ihr eine Art ADHS-Welpen vor die Nase zu setzen? Doch dann dachten wir daran, dass sich auch Hunde an veränderte Situationen gewöhnen können und Lena das Leben zu zweit schließlich jahrelang mit Tamara erlebt und gut überstanden hatte.

Nach vierzehn Tagen zog der Hund bei uns ein. Nun hatten wir auch einen Namen für ihn. Mia. Mia war noch ein ganzes Stück gewachsen. Ihre erste Tätigkeit in unserem Haus war die genaue Inspizierung des neuen Lebensraumes. Sie ging in jedes Zimmer, roch an allen Dingen, kam zwischendurch immer wieder zu uns zurück und forderte Lena, die sich noch nicht einmal für eine Begrüßung aus ihrem Korb unter dem Küchentisch erhoben hatte, durch vorsichtige Berührungen mit der kleinen Pfote und einem animierenden Bellen auf, mit ihr zu spielen. Erst einmal, dann noch einmal, und als der Beagle immer noch nicht reagierte, noch zwei weitere Male. Das wurde Lena zu viel, und sie bellte auch. Einmal und kräftig. Der Pudel zuckte zusammen und suchte Schutz bei uns. Hatte unsere Hündin etwas gegen den Zwerg?

Besonders unser Garten schien Mia zu gefallen. Sie rannte mehrmals um unser Haus herum und sprang auch mit einem Satz über die drei Stufen, die zur unteren Rasenfläche führten. Ob das gut für ihre noch jungen und weichen Gelenke war? Frau Aab hatte extra betont, dass das Tier in den ersten Wochen über die Treppen im Haus zu tragen sei, um seine Hüften zu schonen. Das wurde nun gründlich hintertrieben. Oder galt die Treppe im Garten nicht, weil sie nicht explizit verboten worden war? Immer wieder sprang der kleine Pudel über den Absatz. Es machte ihm offensichtlich Spaß, mit wehenden Ohren durch die Luft zu fliegen. Nach ein paar

Sprüngen lenkten wir Mia mit einem Ball ab, den wir auf der oberen Rasenfläche kullern ließen. Erwartungsgemäß raste der Pudel hinterher, schnappte sich das Spielzeug und flog mit dem Gummiball im Maul erneut über die Stufen. Was war das nur für ein Kobold! Lena blieb im Haus. Wir mussten ihr einfach Zeit lassen, sich an die Anwesenheit dieses völlig anderen Hundes zu gewöhnen.

In unserem Wohnviertel zog der neue Hund viel Aufmerksamkeit auf sich. Auch deshalb, weil er, ganz anders als die Beagles, zu allen Hunden Kontakt aufnahm, sie gründlich beschnüffelte, sich selber beschnüffeln ließ und sie dann zu einem Wettrennen animierte. Obwohl Mia mit zum Teil erheblich größeren Tieren über den Waldboden preschte, war sie oft die Schnellere und kostete das gerne aus. Geriet sie tatsächlich mal an einen Hund, der sie einholte, schlug sie geschickt enge Haken, mit deren Richtungswechsel die meist schwereren Hunde nicht mithalten konnten. Erst wenn ein anderer Hund ihr zu nah auf die Pelle rückte, quietschte sie ängstlich und hielt umgehend neben uns an.

Bald hatte Mia zwei Hunde kennengelernt, die sie ausgesprochen gerne traf. Durch die Hunde freundeten auch wir Menschen uns an und verabredeten uns bald zu gemeinsamen Spaziergängen. Mia hatte sichtbar mehr Vergnügen an einem Ausflug, wenn ein bewegungsfreudiger Hund dabei war. Lena kam zwar auch meistens mit, doch statt wie die jüngeren Hunde ständig in schneller Bewegung zu sein und jede Gelegenheit zum Balgen, Fangen, Flüchten und Davonrennen zu nutzen, trottete sie wie üblich etwas teilnahmslos hinter uns her. Sie und Mia waren inzwischen vertraut miteinander, teilten aber kaum gemeinsame Interessen.

Besonders an Kalle, einem Irish Terrier, fand unser Pudel Gefallen. Aber auch an Janni, einem kleinen Mischling mit kurzen Beinen, der zwar nicht ganz so schnell war wie sie, der es aber vortrefflich verstand, sie zum Tauziehen an Stöcken, Tüchern und Spielzeugen einzuladen. Wenn Mia und Janni zusammen spielten, ging es um Besitzen, Wegnehmen und Wiederbeschaffen. Mit Kalle standen Wegrennen, Einholen und Synchronlaufen im Vordergrund. So gab es in jeder Zusammensetzung andere Spiele, und wir waren froh, dass uns die fremden Tiere vorübergehend einige energiereiche Beschäftigungen mit unserem ständig bewegungshungrigen Pudel abnahmen.

Wie gut, dass wir unser Hundeleben mit Beagles begonnen hatten und der Pudel erst später dazu gekommen war. Umgekehrt wäre uns ein Beagle jetzt vielleicht etwas langweilig vorgekommen.

Vor allem im letzten Jahr war Lena ziemlich träge geworden und immer öfter zuhause geblieben. Wir mussten aufpassen, dass ihr Gewicht nicht zu sehr aus dem Ruder lief.

Im Gegensatz zu Lena war der Pudel kein guter Esser. Oft stellten wir Mia das Futternäpfchen vor die Nase, wo sie es kurz beroch, dann aber Abstand davon nahm, ohne es probiert zu haben. Da wir es wegen Lena nicht einfach stehen lassen konnten, stellten wir es vorübergehend auf die Arbeitsfläche der Küche und boten es Mia in den kommenden Stunden immer wieder an. Meine Frau fand heraus, dass die Pudelin die Mahlzeit interessanter fand, wenn sie ihr als kleine Portion auf dem metallenen Umfülllöffel angeboten wurde. Dann schleckte sie das Besteck ab, bis es leer war. Das konnten wir beliebig oft wiederholen, doch es war eine fragwürdige Art der Fütterung. Es war nicht normal, einen Hund mit dem

Löffel satt zu bekommen, statt ihm das Essen in einem Napf zu servieren. Irgendwann funktionierte es schließlich mit einem Kompromiss. In der Nähe des gefüllten Fressnapfes bekam der Pudel ein paar Löffel voll zur Anfütterung, dann zogen wir Dose und Essbesteck weg und Mia wendete sich vorsichtig ihrem Schüsselchen zu.

Als Mia weiter wuchs, befielen uns plötzlich Zweifel, ob ihre Größe wirklich noch den Vorgaben der Fluggesellschaften zur Mitnahme in den Passagierraum entsprach. Wir schauten noch einmal in den Kaufvertrag und bemerkten erst jetzt, dass wir an einen Kleinpudel geraten waren. Eigentlich hatten wir einen Zwergpudel haben wollen!

Durch ein sprachliches Missverständnis, für das ich die volle Verantwortung übernehme, war es zu diesem Irrtum gekommen. Ich hatte beim ersten Telefonat mit Frau Aab nach einem „kleinen Pudel" gefragt, nicht aber nach einem „Kleinpudel". Ich hätte wissen können und sollen, dass Pudel in vier Größen gezüchtet werden. Neben dem großen Königspudel gibt es den Mittelpudel, der auch Kleinpudel genannt wird, den noch kleineren Zwergpudel und schließlich den winzigen Toypudel. Unsere Mia war zwar ein vergleichsweise kleiner Kleinpudel, aber eben doch kein Zwergpudel. Der Unterschied von nur wenigen Zentimetern und auch das unterschiedliche Körpergewicht zwischen beiden Zuchtformen führte zum Ausschluss der Mitnahme in den Passagierbereich: Zusammen mit seiner Tragetasche darf das Tier nicht mehr als acht Kilo wiegen. Mia wog schon ohne Tasche fast acht Kilo, und eine genügend große Tragetasche wog mindestens 1000 Gramm. Die strengen Vorgaben waren so nicht einzuhalten und auch etwas widersprüchlich in sich. Selbst wenn wir die Gewichtsobergrenze eingehalten hätten, hätte die Tasche so hoch sein müssen, dass das eingesperrte Tier darin stehen konnte. Dann aber hätte das Gepäckstück nicht unter den Vordersitz gepasst, was aber ebenfalls vorgeschrieben war. Vielleicht ging das mit einem Hund in der Größe eines Meerschweinchens, nicht jedoch mit unserem Kleinpudel. Damit war also die Mitnahme unseres Haustiers im oberen Teil des Flugzeuges ausgeschlossen. Nun gab es kein Zurück mehr, und wir hatten doch wieder zwei Hunde, die jede Flugreise deutlich teurer und umständlicher machten.

Im Alltag waren die zwei Hunde wie Feuer und Wasser. Wir waren an zwei Extreme geraten. Einer war voller Bewegungsdrang, der andere lag am liebsten auf der Stelle. Einer war aufmerksam und wich uns kaum von der Seite, der andere schlief viel und hatte nur selten den Impuls, freiwillig unsere Nähe zu suchen. Einer war leicht und wendig, der andere schwer und phlegmatisch. Einer verlor auf Schritt und Tritt ganze Büschel von Haaren, der andere musste spätestens alle zwei Tage einer umfangreichen Haarpflege unterzogen werden. Einer war eben ein Pudel, der andere ein Beagle. Was sie gemeinsam hatten: Beide waren ausgesprochen liebenswert, und beide hatten eine besondere Persönlichkeit.

Von Anfang an hat Mia übrigens akzeptiert, dass Lena das ranghöhere Tier war. Der Ranghöhere darf zum Beispiel zuerst an den Fressnapf, und er darf nach einem Spaziergang auch das Haus als Erster betreten. Mia, die sonst immer die Schnellere war, wartete nach dem Öffnen der Haustür artig, bis Lena ihre Vorderpfoten über die Schwelle gesetzt hatte. Damit war für den Pudel die ranggemäße Zurückhaltung im Türrahmen aber auch schon erledigt. Noch bevor Lena die hinteren Pfoten nachsetzen konnte, war der Pudel in einem eleganten Satz aus dem Stand über den Beagle gesprungen und nun doch vor ihm im Haus. Auch bei den Hunden war offenbar vieles nur eine Frage der Definition.

Zu Mias Persönlichkeit gehörte es auch, einem Pudel gemäß sein Rudel zu hüten und zu bewachen und sich schon allein durch diese innere Bestimmung nicht einfach aus dem Staub zu machen. Völlig anders als unsere kleinen Jagdhunde bleib der Hütehund Mia auch dann auf unserem Grundstück, wenn das Gartentörchen sperrangelweit offenstand. Das empfanden wir nach den Erfahrungen mit Tamara und Lena als regelrechte Wohltat. Nach einer Weile bemerkten wir, dass sich Lena vielleicht an der Sesshaftigkeit ihres neuen Mitbewohners orientierte, denn sie stellte nun auch ihre früheren Wandertätigkeiten ein und blieb meistens im Haus. Anders als sie war Mia drinnen und draußen sehr aufmerksam. Wären früher Einbrecher auf unser Grundstück gekommen, wäre es den Beagles völlig egal gewesen. Mia hingegen schlug an, sobald jemand durchs Tor kam. Damit hatten wir nun auch einen zuverlässigen Wachhund, der sich nicht mit Hundefutter bestechen ließ. Mia war einfach ein Gewinn für unsere Familie.

20

Hair

Nie hätte ich geglaubt, dass ich eines Tages noch eine Ausbildung zum Friseurassistenten absolvieren müsste. Der Pudel machte es notwendig, und Frau Aab hatte es ja auch schon angedeutet. Alle zwei bis drei Tage legten wie also eine Decke auf den Couchtisch und setzten Mia obendrauf. Gott sei Dank hatte die Züchterin die Prozedur schon trainiert, als ihre Welpen noch klein waren. So saß Mia geduldig auf dem ihr zugewiesenen Platz und ließ alles über sich ergehen, was wir in der kommenden Stunde mit ihr anstellten. Zum ersten Mal in unseren Jahren mit Hunden hatten wir ein Arsenal an Pflegeinstrumenten anschaffen müssen, die keineswegs preiswert waren. Dazu gehörten verschiedene Bürsten und Kämme, drei unterschiedliche Scheren, ein elektrischer Scherapparat, eine medizinische Klemme, die wir als Pinzette nutzten, sowie ein Haarföhn. Eine Ausrüstung, über die sich jeder angehende Frisörlehrling gefreut hätte.

An jedem zweiten Tag musste das Tier nur gebürstet und gekämmt werden. Schon das war nicht einfach, denn die feinen Haare ihres zimtfarbenen Fells hatten die Gewohnheit, sich zu kleinen Einheiten in Form von Rastalocken zusammenzufinden, die wie kleine Korkenzieher aussahen und sich nun ihrerseits mit anderen Rastalocken verbanden.

Im Grunde genommen hatte Mia eine afrikanische Frisur, was ausgesprochen hübsch aussah, uns im Pflegebemühen aber an die Grenzen der Belastung brachte. Beim Bürsten wurden die Haare erst einmal grob vorsortiert und für den Einsatz des nächsten Werkzeuges, des Kamms, vorbereitet. Obwohl die Zinken viel weiter auseinanderstanden und größer waren als bei den Kämmen für Menschen und obwohl sie statt aus Kunststoff aus hartem Metall waren, kam man an keiner einzigen Stelle des Hundekörpers in einem Rutsch von oben nach unten durch, weder an Mias Rücken noch an ihren Seiten und auch nicht an ihren Beinen. Immer blieb der Kamm irgendwo hängen. Dann musste man entweder mit den Fingern für eine Entwirrung der Haare sorgen oder den Kamm steiler stellen und sich mit viel Gefühl Millimeter für Millimeter weiter nach unten und gegen den Widerstand der aufmüpfigen Locken vorantasten. War die Bahn dann einmal vom Kamm durchpflügt, hieß das noch lange nicht, dass das Instrument beim zweiten Durchlauf an der gleichen Stelle besser durchs Fell glitt. Die Haare schienen sich nach jeder Störung und Entzweiung augenblicklich wieder zusammenzurotten. Das Kämmen war eine Sisyphusarbeit, obwohl der Kamm groß und der Pudel ein Kleinpudel war.

Wäre es nur beim Bürsten und Kämmen geblieben! Nein, mindestens einmal in der Woche mussten wir uns auch um die Ohren kümmern. Pudelhaare wachsen nämlich nicht nur dort, wo man Haare im Allgemeinen sieht und vermutet, sie gedeihen sogar in den Gehörgängen des Tieres und müssen regelmäßig daraus entfernt werden. Versäumt man das, besteht die Gefahr, dass sich das Ohrenschmalz zusammen mit den Haaren und allem eingedrungenen Schmutz zu einem Pfropfen verbindet, der die Ventilation der Gehörgänge blockiert und schnell zu Entzündungen führen kann. Meine Frau hatte für diese Arbeit eine kleine medizinische Klemme besorgt, die wie eine lange Schere aussah, statt der Schneiden aber zwei kurze, aufgeraute Greifenden besaß. Anders als beim ständigen Bürsten und Kämmen zeigte Mia beim Einsatz dieses Werkzeuges ihr Missfallen und wendete ihren Kopf nach jedem Greifversuch des Instruments zur Seite. Wir konnten nur zu zweit arbeiten. Einer hielt den Kopf des Hundes fest, der andere tauchte mit dem langen Greifgerät immer wieder in die Tiefe der Gehörgänge. Dass man bei jedem Versuch ein Haarbüschel erwischte, war nicht sicher. Das Prozedere erinnerte mich an ein Kinderspiel, bei dem man mit einer Angelschnur im Inneren eines undurchsichtigen Beckens aus Pappe herumstochert und hofft, dass beim Hochheben der Angel ein Fisch daran hängen geblieben ist.

Mal erwischte man auch hier ein paar Haare, manchmal aber auch nicht. Es war eine Frage der Geschicklichkeit und des Zufalls, ob der Gehörgang am Ende der Prozedur wirklich sauber war oder man das nur vermutete.

Als einmal der Weg von Kamm und Bürste durchs Fell nach einer längeren Pflegepause nicht mehr möglich war, musste ein Hundefrisör aushelfen. Wir hatten zwar schon die elektrische Frisiermaschine, wussten aber nicht genau, wie und wo sie anzusetzen und zu führen war und in welcher Abfolge die Körperregionen damit bearbeitet werden mussten. Darum hatten wir ein Etablissement gesucht, in dem wir bei der Pflege unseres Pudels dabeibleiben und uns ein paar Handgriffe abschauen konnten. Die Hundefrisörin machte einen guten Eindruck auf uns. Sie fuhr mit den Händen durch Mias Fell und merkte schnell, dass unsere Vorarbeiten am Hund eigentlich für die Katz waren. Also zeigte sie uns in einem Schnelldurchgang, wie der tägliche Umgang mit den einfachen Frisierwerkzeugen durchzuführen sei. Vermutlich war es doch ein Unterschied, ob wir den Pudel täglich oder nur im Abstand von mehreren Tagen bürsteten und kämmten. Erstaunlich: Mit ihren Werkzeugen kam die junge Frau schneller durchs Fell als wir. Vielleicht waren ihre Kämme besser und wahrscheinlich war sie auch nicht so zimperlich wie wir und nahm es in Kauf, dass es bei ihrer Behandlung gelegentlich ziepte. Mia saß stoisch auf dem Frisiertisch und sagte nichts.

Nach dem Bürsten und Kämmen kam das Bad. Der Pudel wurde in eine Art Waschbecken gehoben, die Brause angestellt und das Fell eingeseift. Merkwürdig – auch das schien Mia nichts auszumachen. Wir hatten einfach Glück mit diesem Tier. Dem Waschvorgang folgte eine erneute Bearbeitung mit Kamm und Bürste, dann wurde der Föhn eingeschaltet. Das Gebläse interessierte den Hund, ängstigte ihn aber nicht. Wie der Arzt bei kleinen Kindern zeigte die Frisörin unserem Pudel die laute Maschine, bevor sie damit seine Haare trocknete. Dazu verwendete sie eine Rundbürste, um die Haarpracht im warmen Luftstrahl aufzulockern. Inzwischen waren eineinhalb Stunden vergangen. Mit diesem Aufwand hatten wir nicht gerechnet.

Nun schlug die Stunde des Scherapparates. Er wurde in geraden Bahnen über Mias Rücken geführt, über ihren Nacken und die Beine. Dass sie die Barthaare stehen lassen sollte, hatten wir der Hundefrisörin schon am Telefon erklärt. Sie schlug uns vor, noch ein paar Einkäufe zu machen und in einer halben Stunde wiederzukommen. Der Hund habe sich schließlich an sie gewöhnt, und der Rest ihrer Arbeit bestehe eigentlich nur noch aus kleinen Korrekturen.

Als wir wiederkamen, waren die Scherarbeiten abgeschlossen. Was die Frisörin am Kopf unseres Tieres fabriziert hatte, überraschte uns aber doch: Mias weit ausladender Afrolook hatte sich dem Umriss einer Avocado angenähert. Ihr Kopf wirkte durch die fehlende Lage langer und wüster Haare nur noch halb so groß wie eine halbe Stunde zuvor. Die Ganzkörperlockenpracht war einem kurzen Sommerfell gewichen. Das war gewöhnungsbedürftig. Am Ende gab es noch Feinarbeiten mit der Schere. Damit wurden die Haare am Ohr auf Länge gebracht und angeglichen und ein paar Haare rund um die Augen entfernt. Vom Hund, mit dem wir den Salon betreten hatten, war nicht mehr viel zu sehen. Seine Beine wirkten ohne die ausladende Fellpracht nahezu dürr und fragil. Frisöre neigen dazu, jeden Ausgangszustand in einen völlig anderen umzuwandeln, damit man bei der Bezahlung nicht das Gefühl hat, es habe sich nicht viel getan. Es schien uns fraglich, ob wir uns an dieses neue Aussehen unseres Pudels gewöhnen würden. Die Frisörin bemerkte die skeptischen Blicke.

„Nicht zufrieden?"

„Doch, doch!", antwortete meine Frau. Was sollte sie auch sagen? Die Haare waren ja nun ab, und wir hatten einen ordentlichen Schnitt bestellt und bekommen. Die Arbeit war professionell durchgeführt worden, alles ging ineinander über, nirgends gab es eine Stufe. Wahrscheinlich muss man sogar beim Pudelfrisör alle Vorstellungen und Wünsche genau artikulieren, bevor man eine Frisur in Auftrag gibt. Menschenfrisöre haben manchmal Kataloge mit Abbildungen verschiedener Haardesigns. Vielleicht wäre so etwas auch beim Hundefrisör sinnvoll.

Unsere Hundefreunde waren von Mias neuer Erscheinung begeistert.

„Niedlich!“, sagten sie. Ob sie das ernst meinten oder einfach nur etwas Nettes sagen wollten?

In den kommenden Wochen wuchsen die Haare natürlich wieder nach. Irgendwann machten wir uns selbst an die Arbeit und bauten den neuen Frisiertisch auf, den wir als zusammenklappbaren Beistelltisch im Baumarkt gekauft hatten. Ganz so gleichmäßig wie die Friseurin bekamen wir den Schnitt nicht hin. Dafür blieb der eher wilde Charakter von Mias Löwenmähne erhalten, und auch die Beine hatten wieder mehr Fell. Mit jeder neuen Schur verbesserte sich unser Ergebnis, und nach einem Jahr hatten wir es endlich geschafft. Mit Bürste, Kamm, Ohrpinzette, Scherapparat, Föhn und Rundbürste konnten wir Mias Wildwuchs bändigen, ohne das Erscheinungsbild wesentlich zu verändern. Für Lena mit ihrem selbständig ausfallenden Haar brauchten wir als Pflegeinstrument lediglich einen Staubsauger.

20

Bring mir den Hasen

Nicht umsonst sieht man in einem Zirkus mit Hundenummer meist nur Pudel. Beagles habe ich dort noch nie getroffen. Heute weiß ich, warum das so ist. Pudel sind von Natur aus verspielt, ausgesprochen lernfähig und viel mehr an ihre Menschen gebunden als Beagles. Es macht ihnen einfach Spaß, trainiert zu werden. Auch mit Tamara und Lena hatte ich ein paar Übungseinheiten gemacht, und sie hatten durchaus verstanden, worauf es mir dabei ankam. Meine Höchstleistung mit den immer hungrigen Tieren war es wohl, sie zum Platzmachen zu bewegen und dann ein Stückchen Trockenfutter zwanzig Zentimeter von ihrer Schnauze entfernt auf den Boden zu legen. Ihre Aufgabe hatte darin bestanden, zur Aufnahme des bereitliegenden Futters mein Kommando abzuwarten. Nach vielen Versuchen, bei denen ich die Hunde erst einmal festhalten musste, bis das erlösende „Jetzt“ kam, hatten sie die Idee verinnerlicht.

Im Fachhandel hatte ich, als Tamara noch ein kleiner Hund war, ein rundes Brett mit acht Löchern und Holzzylindern gekauft. Die Holzzylinder passten genau in die Löcher des Brettes und in den Hohlräumen auf der Unterseite der Zylinder konnte man kleine Leckerchen verstecken. Nun sollte der Hund so lange an dem Aufbau herumschnuppern, bis er den Zylinder mit einer Belohnung fand und mit seiner Schnauze aus dem Brett ziehen konnte. Auch Lena hatte später nach einer Weile verstanden, dass unter den beweglichen Holzteilen Leckerchen versteckt waren, die es zu suchen galt. Statt die Zylinder aber systematisch zu beriechen, zogen beide Hunde wahllos und in rasendem Tempo die beweglichen Teile aus dem Brett heraus, bis sie zufällig das Bröckchen freigelegt hatten. Alles ist eine Frage der Definition, und so würde ich sagen, dass auch dieser vom Erfinder wahrscheinlich nicht vorgesehene Lösungsansatz durchaus eine Berechtigung hatte. Aus der Sicht des Beagles war es vielleicht sogar unsinnig, erst lange herumzuschnüffeln, wenn man durch die Methode 2.0 in wesentlich kürzerer Zeit und ohne den Einsatz der Nase ans Futter kam.

Mia verstand das Spiel mit den nach unten offenen Zylindern sehr viel schneller. Und anders als die Beagles schnüffelte sie ausführlich, wählte aus, zog das Holzstück nach oben und – ließ das Futter liegen. Hier kam nun Lena ins Spiel. Wenn sie hörte, dass ich einen kleinen Vorrat an Trockenfutter aus dem Schrank holte, weil eine neue Übungseinheit bevorstand, tauchte sie sofort auf und wollte auch am Spiel teilnehmen. Auf ihre Art. Ich hielt sie fest, bis Mia das Bröckchen freigelegt hatte, dann durfte Lena die Belohnung, die eigentlich dem Pudel zustand, aus der Vertiefung nehmen.

Ganz ähnlich wie der Pudel Baumann, mit dem meine Frau aufgewachsen war, verstand auch Mia nach einigen Übungseinheiten, dass wir für einige ihrer Spielgegenstände Namen hatten, die sie sich merken konnte. Am liebsten spielte sie mit einem Stoffhasen. Wenn sie mit ihren Pfoten auf seinen Bauch patschte oder ihn zwischen die Kiefer klemmte, brummte der Hase wie ein Bär. Wenn sie seine Pfoten zusammenpresste, egal ob mit den Pfoten oder Zähnen, quietschte der Hase wie ein kleiner Vogel. Und in seinen Ohren waren Folien eingenäht, die bei jeder Berührung raschelten wie ein Igel im trockenen Laub. Davor hatte ich den Hasen immer wieder quer durchs Zimmer geworfen und dabei gerufen „Hol den Hasen". Hunderte Male war Mia freudig hinterhergesprungen, hatte das Beutetier gepackt, geschüttelt und sich schließlich wieder von mir abnehmen lassen. Die Beagles hatten nie Interesse an einem Spielzeug gehabt. Seit aber der Pudel im Haus war, sah es auf unserem Fußboden oft so aus wie im Spielzimmer eines gut frequentierten Kindergartens. Nach wenigen Monaten gab es über zwanzig verschiedene Stofftiere. Doch besonders der Hase schien mir für mein Übungsprogramm geeignet.

„Bring mir den Hasen", sagte ich. Mia schaute mich mit leicht geneigtem Kopf aufmerksam an, dachte einen Moment lang nach und wendete sich dann um, um nachzusehen, ob sie den gewünschten Gegenstand irgendwo herumliegen sah. Erschien der Hase nicht gleich in ihrem Blickfeld, war sie bei den ersten Versuchen einfach stehen geblieben und hatte dann wieder zu mir geschaut. Je häufiger wir die Übung aber wiederholten, desto größer wurde ihr Impuls, sich auf die Suche nach dem geforderten Stofftier zu machen. Sie lief zum Beispiel zum kleinen Korb, der am anderen Ende des Raumes stand und in dem ein großer Teil ihrer Spielsachen lag. Fand sie den Hasen dort, zog sie ihn heraus, und ich lobte sie überschwenglich. Nach weiteren Übungseinheiten suchte sie das Brumm-Quietsch-Raschel-Tier nicht nur im Korb, sondern im ganzen Raum. Sie suchte systematisch, lief eine bestimmte Strecke ab, schaute auf die Sitzflächen der Stühle, hinter die Sessel und hinter die Blumentöpfe, in den

Korb mit dem Brennholz und unter die große Truhe. Dort überall hatte sie den Hasen früher einmal entdeckt. Es war keine Frage, dass der Hund meine Aufforderung, den Hasen zu bringen, tatsächlich verstand.

Nach den ersten drei erfolgreichen Durchläufen rief ich meine Frau dazu. So konnte sie einmal sehen, was für ein patentes und gelehriges Tier wir hatten und wie fabelhaft meine Arbeit als Trainer war.

„Bring mir den Hasen", sagte ich. Wie üblich schaute mich Mia erst einmal kurz an und dachte nach.

„Na los, wo ist der Hase", forderte nun auch meine Frau den Hund auf. Mia war offenbar so überrascht davon, dass das Kommando nun auch von hinten kam, dass sie kurz bellte und dann zu meiner Frau lief.

„Vorführeffekt", sagte ich und lotste den Hund zurück zu mir. Mit einer Geste wies ich meine Frau an, dieses Mal still zu bleiben.

Also noch einmal.

„Bring mir den Hasen!" Mia schaute mich aufmerksam an, dachte nach und lief los. Sie fand das Tier, das ich hinter einer Gardine versteckt hatte, stürzte sich darauf, nahm es ins Maul, schüttelte es kräftig und legte es in der Mitte des Wohnzimmers ab.

„Fein!" riefen wir begeistert und „Gut gemacht, Mia!"

Als das Suchen und Heranbringen des Hasen ganz sicher funktionierte, weitete ich die Übungen auf einen roten Ball und das kleine Bärchen eines Pharmaunternehmens aus. Bei den täglichen Wiederholungen hatte ich damit aufgehört, die Leistungen des Hundes mit Leckerchen zu belohnen. Lena hatte das bedauernd zur Kenntnis genommen und war den Unterrichtseinheiten inzwischen ferngeblieben.

Mias angeborene Verspieltheit und die Freude am Fangen, Packen und Herumtragen von Dingen hatte aber auch eine schwierige Seite. Es war nahezu unmöglich, mit dem Pudel im Wald spazieren zu gehen, ohne dass er laut bellend den Wurf eines Stöckchens einforderte. Vielleicht hatten wir zu oft nachgegeben oder das Bellen nicht von Anfang an unterbunden. Das Spiel funktionierte aus seiner Sicht fast perfekt und immer gleich. Einer von uns warf das Stöckchen, und kaum dass wir mit unserem Arm Schwung holten, raste der Hund bereits in die Richtung, in der er die Landezone des Stocks vermutete. Dabei stellte er sich ziemlich genau auf die zu erwartende Wurfleistung ein. Da gab es erhebliche Unterschiede. Wollte meine Frau einen Stock werfen, lief Mia längst nicht so weit nach vorn wie bei mir. In beiden Fällen reagierte sie auf das Flugobjekt, noch während es in der Luft war. Dabei fiel uns auf, dass der Hund als genetisch vorbelasteter Hütehund immer erst hinter dem Stöckchen wendete, dann seinen Körper schnell herumriss und den Ast mit Blickrichtung zu uns aufnahm. So schlagartig, wie Mia unmittelbar vor dem Abwurf lossprintete, so abrupt kam sie auch wieder zum Stehen. Bei Trockenheit entstand am Boden ihres kurzen, heftigen Bremsweges eine Staubwolke.

„Wie im Comic“, sagte meine Frau.

Meistens lief Mia ein paar Schritte mit dem Stock im Maul herum, ließ ihn dann aber irgendwo fallen, kehrte zu uns zurück und bat bellend um die Wiederholung des Spiels mit einem neuen Stück Ast. Meine Versuche, sie zum Auffinden des eben abgelegten Stockes zu bewegen, schlugen fehl. Nein, es musste ein neues Wurfgeschoss her. Je größer, desto besser. Größere waren auch deshalb gut, weil sie aufgrund ihres Gewichtes weiterflogen. Der Zeitgewinn, den ich dadurch hatte, war jedoch marginal.

Das immer wiederkehrende Stöckewerfen machte die Spaziergänge im Wald etwas anstrengend. Wenn es draußen feucht war, produzierte der Hund zwar keine Staubwolken beim Abbremsen, dafür waren meine Hände vom Aufheben und Werfen der vielen Hölzer mindestens genauso schmutzig wie Mias Pfoten. Lena hatte erwartungsgemäß kein Interesse an Ästen und Stöcken. Sie trottete irgendwo hinter uns her, die Nase auf dem Boden, oder kehrte nach Hause zurück, was wir oft erst sehr viel später bemerkten, denn der Pudel forderte unsere volle Aufmerksamkeit. Mit dem Stöckejagen hatte sie noch nicht genug. Kamen wir nach einem wurfreichen Waldspaziergang nach Hause zurück, dachte der Pudel, dass jetzt eigentlich die geeignete Zeit sei, mit dem Werfen, Verstecken, Suchen und Bringen ihrer Stoffspielzeuge zu beginnen. Meist stürzte Mia von der Eingangstür direkt zum Spielzeugkorb im Wohnzimmer, zerrte irgendetwas heraus und brachte es uns, noch bevor wir unsere Schuhe und Jacken ausgezogen hatten. Dieses Tier wurde einfach nicht müde. Wir waren sehr zufrieden damit, dass wir nur einen einzigen Pudel hatten.

Immer häufiger machten wir nun längere gemeinsame Spaziergänge mit einem der anderen Hunde und seinen Besitzern. Dann konnten wir sogar ganz entspannt durch den Wald gehen, denn wenn Mia in Gesellschaft eines Gleichgesinnten draußen war, traten Äste und Stöcke in den Hintergrund. Besonders mit Kalle, dem Irish Terrier, liebte sie das Lauftraining. Beide Hunde waren trotz ihrer unterschiedlichen Größe etwa gleich schnell. Sie jagten über die Wege, liefen weit nach vorn, kamen aber im Gegensatz zu den Beagles immer wieder nach kurzer Zeit zurück. Oft liefen sie vollkommen synchron, Seite an Seite und mit der gleichen Schrittlänge. Man konnte den Eindruck gewinnen, es handele sich um ein achtbeiniges Tier, dessen unterschiedliche Hälften sich völlig einvernehmlich bewegten. Bei manchen Spaziergängen waren wir zwei Stunden lang unterwegs, ohne dass die Tiere eine nennenswerte Pause einlegten. Kamen wir an einem Gewässer, notfalls auch an einer Pfütze vorbei, tranken sie ein paar Schlucke, doch kaum rannte einer von beiden weiter, raste der Zweite schon hinterher. Kehrten wir nach dem Spaziergang irgendwo ein oder setzten uns noch zum Kaffeetrinken zuhause zusammen, lagen die beiden Läufer dicht beieinander und neckten sich liebevoll. Mia leckte an Kalles Schnauze, er biss zärtlich in ihre Beine, und bald sprachen wir von beiden nur noch als „unser Liebespaar“.

Mit Janni waren die Spiele nicht auf Tempo ausgerichtet. Bei Spaziergängen liefen sie ganz gemütlich nebeneinander her oder folgten dichtauf. Wenn fremde Rüden in die Nähe kamen, wurde Janni schnell ungemütlich. So klein, wie er war: Schon in großer Entfernung zum möglichen Nebenbuhler gab er ihm akustisch Bescheid und warnte ihn davor, es mit ihm aufzunehmen, oder schlimmer noch, sich womöglich an seine Freundin heranzumachen. Eine genaue Vorstellung von der eigenen Größe hatte er offenbar nicht, doch sein Bellen war in den meisten Fällen unmissverständlich. Selten traute sich ein anderer Rüde in Mias Nähe, wenn Janni über sie wachte.

Während Mia im Alltag mit uns kein Interesse an Trockenfutter hatte und auch immer Lena den Vortritt ließ, sah die Sache in Gegenwart fremder Hunde etwas anders aus. Thekla, die Besitzerin des kleinen Janni, hatte oft Leckerli bei sich. Wenn sie ihren Hund rief und er gehorchte, sollte das Herankommen positiv verstärkt werden. Unser Pudel hatte das natürlich schnell herausgefunden. Wenn Thekla Janni heranrief, überholte Mia den kleinen Rüden, traf zuerst am Ziel ein, setzte sich erwartungsvoll vor die Futterquelle und wartete auf ihren Freund. Sollte der aber nun das erste Leckerchen bekommen, versuchte der Pudel gleich wieder der Schnellere zu sein und war sofort an Theklas Hand. Dann knurrte Janni, Mia wich zurück, und die Ordnung war wieder hergestellt.

Bei all unseren Hunden hatten wir das Gefühl, dass es richtig war, ihnen die Möglichkeit zu geben, sich untereinander, also ohne unser Zutun, mit anderen auseinanderzusetzen. Hunde klären die meisten Konflikte zuverlässig allein, hatte in der dicken Enzyklopädie gestanden, und auf unsere Hunde traf es auch zu. Anders wäre es gewesen, wenn ein offensichtlich bösartiger oder gefährlicher Hund sie angegriffen oder verletzt hätte. So eine Erfahrung haben wir zum Glück nie gemacht, und so verließen wir uns ganz auf den Instinkt unserer Tiere und behielten recht. Wenn sich Mia einem anderen Hund gegenüber unterlegen fühlte, legte sie sich schnell auf den Rücken und gab ihre Kehle frei. Für gesunde, instinktsichere Hunde ist das eine leicht verständliche Demutsgeste, die dazu führt, dass der Stärkere sein Dominanzverhalten sofort einstellt und weiß: Hier wird meine Vormachtstellung akzeptiert. Wenn es doch nur bei Menschen auch so einfach ginge!

21

Ballspiele

Ich bin kein sportlicher Typ. Insbesondere Ballsport und Bälle haben noch nie einen Reiz auf mich ausgeübt. Das war schon so, als ich noch ein Kind war. An einem einzigen Fußballmatch hatte ich im Grundschulalter als Spieler auf dem Feld teilgenommen. Es wurde zu einem unschönen Erlebnis, an das ich mich bis heute gut erinnere. Es war peinlich für mich und peinlich für die Mannschaft, für die ich antrat. Mein Problem: Ich war zu langsam, um an den Ball zu kommen, und wenn ich es doch einmal schaffte, schoss ich ihn nicht weit genug, oder er landete nicht dort, wo ich ihn eigentlich hinbekommen wollte. Nach dieser Blamage verkümmerte meine Freude an Bällen vollends, und auch für meine Kinder und Enkel blieb ich ein balltechnischer Versager. Meistens habe ich mich sogar elegant zurückgezogen, wenn sie mit einem Ball vor meiner Nase auftauchten. Ihre Fußbälle waren mir besonders fremd, aber auch die Tischtennis- und Federbälle, die ja noch nicht einmal Bälle im strengeren Sinn sind. Im Gegensatz zu mir wurden zumindest unsere Jungs hervorragende Ballspieler. Zwei schafften es in die Nationalmannschaft vom Lacrosse, einem kanadischen Nationalsport, bei dem die Spieler einen nur faustgroßen Hartgummiball mit einer Art Schmetterlingsnetz am Stock einfangen, transportieren und ins gegnerische Tor katapultieren. Der dritte Sohn war viele Jahre lang Fußballtorwart einer Knaben- und später Trainer einer Frauenmannschaft. Von mir konnten sie alle dieses Talent nicht haben.

Einer unserer Enkel hatte einen Plastikball, aus dem schon ein Teil der Luft verschwunden war. Unser Pudel konnte ihn darum im Gegensatz zu einem prall gefüllten Spielzeug leicht mit der Schnauze aufnehmen und im Garten herumtragen. Mia kam schnell dahinter, dass der schlappe Ball doch noch rund genug war, um wegzurollen, wenn man dagegen stieß. Das war wundervoll anzusehen. Sie gab dem Ball einen kleinen Schubs mit ihrer Pfote oder der Schnauze, der Ball machte sich auf den Weg, und der Hund sprang augenblicklich hinterher, so, als habe sich der Ball eigenmächtig entfernt. Mia hielt das Spielzeug mit den Vorderpfoten an, nahm es auf, trug es ein Stückchen weiter, legte es ab und brachte es dann wieder zum Wegrollen. Es dauerte nicht lange, bis unsere Enkel die Freude des Hundes am Ball förderten. Sie holten einen großen, prallen Plastikball aus dem Schuppen und begannen mit dem Pudel zu kicken. Der baute sich ein paar Meter vor ihnen auf und wartete mit angespannten Muskeln darauf, dass ihn einer der Jungs in Bewegung setzte. Fast zeitgleich mit der Beschleunigung des Balles raste Mia auf ihn zu, holte ihn ein, stürzte sich mit dem ganzen Körper darauf und stoppte ihn. Wenn die Kinder den Ball über ihren Kopf hinweg weit nach hinten in den Garten schossen, schien der Pudel die Flugbahn zu berechnen und traf fast gleichzeitig mit dem Ball am Aufsetzpunkt ein, wo sie ihn in gewohnter Weise einfing und festhielt. Natürlich blieb es nicht aus, dass Mia den schnellen Ball auch mal in die Seite bekam. Dann knurrte sie ihn kurz an, unterbrach das Spiel aber nicht. Offenbar war sie hart im Nehmen. Lena lag derweil unter einem Busch im Schatten und schlief. Als der Pudel sie sah, sprang er zu ihr, legte seine Vorderpfoten auf den Boden und gab das typische Bellen von sich, das eine unmissverständliche Aufforderung zum Mitspielen war. Der alte Hund öffnete nur kurz die Augen, schloss sie gleich wieder, blieb liegen, und Mia erfuhr einmal mehr, dass Beagles einfach nicht zum Spielen taugen. Erst als der alte Hund den Ball zufällig an seinen Kopf bekam, stand er auf, schüttelte sich und verließ den Ruheplatz. Ein Mitspielen in Mias Sinn war das natürlich nicht.

Zusammen mit dem Pudel entwickelte ich plötzlich Spaß daran, mich auf einen fußballähnlichen Gegenstand einzulassen und ihn mal in die eine und mal in die andere Richtung zu treten, den Hund auch mal zu täuschen und den Ball statt in die angedeutete in eine andere Richtung zu befördern. Da Mia sehr schnell reagierte, schlugen meine Täuschungsversuche meistens fehl, und das war eigentlich auch sehr komisch. Ihre schnellen Reaktionen, ihr schneller Antritt und ihre Laufgeschwindigkeit verblüfften mich immer wieder.

„Ich habe dich noch nie so vergnügt Ballspielen sehen", sagte meine Frau zu mir. Sie hatte recht.

Es machte mir Spaß, den quirligen Pudel mit immer neuen Ideen herauszufordern. Da Mia für normale Leckerli nicht empfänglich war, ich sie aber aus trainingspsychologischen Gründen regelmäßig für neu erlernte Leistungen belohnen wollte, stieg ich auf klein geschnittene Teile von getrocknetem Entenfleisch um, die der Pudel ausgesprochen gern fraß. So musste er zum Beispiel kurz im Flur Platz nehmen und warten, während ich die Tür zum Wohnzimmer schloss und drinnen ein kleines Stückchen Trockenfleisch versteckte.

Nach ein paar Versuchen, bei denen ich die Suche des Tiers durch Fingerzeige unterstützte, hatte der Hund das Spiel verstanden. Man konnte sehen, dass Mia die kleinen Stücke sowohl mit der Nase als auch mit den Augen suchte, denn obwohl sie intensiv schnupperte, entdeckte sie sie manchmal zufällig in der Ferne, brach die Suche mit der Nase ab, flitzte zum Fundort und nahm sich die Belohnung.

Apropos Kauen. Im Gegensatz zu unserem ersten Beagle Tamara richteten weder Lena noch der Pudel beim Alleinbleiben Schäden im Haus an. Vielleicht auch deshalb nicht, weil sie die meiste Zeit über zu zweit waren und schon von daher nicht so verzweifeln mussten, wenn wir sie zurückließen. Obwohl Mia ihre Stofftiere beim Spielen immer wieder heftig hin und her schüttelte und auch kräftig an ihnen zog, wenn ich versuchte, sie ihr im Spiel abzunehmen, blieben die meisten Spielzeuge über Jahre heil. Lediglich die Naht eines Bibers war einmal gerissen. Das war Mia nicht entgangen, und seit dieser Erkenntnis gab sie sich eine Zeitlang Mühe, das Tier systematisch, das heißt jeden Tag aufs Neue, auszuweiden. Dann lagen im gesamten Wohnzimmer kleine Schaumstofffetzen herum, die wir abends beim Aufräumen in den Biber zurückstopften. Als ihre spielerischen Sektionen nicht nachließen, nähten wir den Biber kurzerhand zu. Mia hatte sich aber gemerkt, dass dessen Innenleben irgendwie spannend war. Sie biss den Faden auf und begann schon wieder, die Kunststoffflocken herauszuziehen. Nun warfen wir die freigelegten Krümel einfach weg. Der Biber verlor innerhalb weniger Tage an Gewicht, und bald lag nur noch seine Hülle herum. Danach verlor Mia das Interesse an ihm.

Mit Hunden ist es ähnlich wie mit Kindern. Lässt man ein paar Spielzeuge, von denen es in der Tendenz immer viel zu viele gibt, bei Kindern wie bei Haustieren, für eine Zeit verschwinden, ist die Freude doppelt groß, wenn sie eines Tages wieder auftauchen. So hielten wir es auch mit dem ausgeweideten Biber. Als er nach Wochen aus dem Schrank geholt wurde, schüttelte Mia das flach gewordene Tier wie üblich und schleppte es stundenlang durchs Haus. Obwohl die anderen Spielzeuge auch mit Kunststoffflocken in Form gebracht wurden, übertrug der Pudel seine Erfahrungen nicht auf sie, und sie blieben jahrelang in ihrer prachtvollen Fülle erhalten.

Das vergnügte Spielen des Pudels war mir sympathisch. Es war nach unseren Erfahrungen mit den Beagles ein völlig neuer Aspekt unseres Daseins mit Hund. Ich sollte noch erwähnen, dass es außer dem getrockneten Entenfleisch doch eine Art Delikatesse gab, nach der sowohl der Beagle als auch der Pudel ganz verrückt waren. Wenn wir mit einem fertig gebratenen Hühnchen vom Einkauf kamen, gerieten beide Hunde in höchste Alarmbereitschaft. Sie schienen den Duft des Geflügels schon durch die geschlossene Haustür zu wittern. Sogar Lena, die uns sonst niemals an der Tür begrüßte, kam uns entgegen. Beide Tiere tanzten auf ihren Hinterbeinen um uns herum, Mia bellte und ließ das Bratgut nicht aus den Augen, und dann blieben beide Hunde angespannt vor unserem Esstisch sitzen. Die zwei Hühner-Wachhunde waren nun durch nichts mehr abzulenken. Wenn wir die Mahlzeit aufgegessen hatten und nur noch Knochen und Knorpel übriggeblieben waren, kam ihr großer Augenblick. Da beide Hunde nichts vom Tisch bekamen, warteten sie auf das erlösende Signal, das darin bestand, dass ich meinen Stuhl abrückte und mit dem Knochenteller zum Spültisch hinüberging, wo ich ihn in einer Höhe abstellte, die für die

Hunde nicht erreichbar war. Die großen Röhrenknochen sind für Hunde tabu. Was sie aber essen können, sind die beiden Gelenkkugeln an den Enden. Zuerst war Lena dran. Ich nahm also einen der großen Röhrenknochen so in meine Hand, dass nur das Gelenk aus meiner Faust herausragte und Lena es mit ihren scharfen Backenzähnen abscheren konnte. Es folgte ein kurzes Knacken, und schon wurde der Knorpel zerkaut und verschluckt. Es folgte das andere Ende des Hühnerbeins, und erst danach bekam Mia ihre Portion. Sie kniff die zwei Kugeln ebenso problemlos ab wie der Beagle, kaute aber etwas länger. Hinterher gab es für beide noch ein paar Knöchelchen und die Reste von Knorpeln. Schließlich stellte ich den nun geleerten Teller auf den Boden, wo er von beiden Hundezungen so intensiv abgeleckt wurde, dass er am Ende aussah wie frisch gewaschen.

„Lasst ihr eure Hunde an den Tellern lecken?", hatte unsere Tochter etwas vorwurfsvoll gefragt, nachdem sie das Schauspiel einmal beobachtet hatte.

„Nur bei Huhn", sagte ich, „und außerdem kommen sie sofort in den Geschirrspüler."

Ob sie das davon abhielt, auf künftige Tellermahlzeiten bei uns zu verzichten, habe ich nicht verfolgt. Ich glaube es aber nicht.

Beim Thema „Hunde und Hygiene" spalten sich die Meinungen. Es gibt Hundebesitzer, die ihre Tiere mit ins Bett nehmen. Das war bei uns von Anfang verboten. Sie durften noch nicht einmal auf unsere Sitzmöbel. Allerdings hatten beide Hunde in ihren Jugendjahren entdeckt, dass sie sich durchaus auf das Sofa legen konnten, wenn wir nicht zuhause waren. Ertappten wir sie dann aber beim Zurückkommen auf frischer Tat, gab es ein lautstarkes Donnerwetter. Allem

Anschein nach wirkte es so eindrucksvoll und nachhaltig, dass Mia nach dieser ersten Pleite von weiteren Experimenten auf unseren Sitz- und Liegeflächen absah. Bei unseren eigensinnigen Beagles waren allerdings mehrere Anläufe nötig geworden, bevor sie auf weitere Spannungen verzichteten. Der Wunsch, auf dem Sitz der Ranghöheren Platz zu nehmen, ist wahrscheinlich angeboren. Von daher gelten eigentlich mildernde Umstände bei der Strafverfolgung.

Wenn wir die Hunde gelegentlich auch beim Einkaufen im Auto warten ließen, ertappten wir sie beim Zurückkommen auch dort immer wieder dabei, wie sie stolz wie ein frisch diplomierter Wagenführer auf dem Fahrersitz thronten. Weil es im Auto deutlich beengter war als in unserem Haus, rügten wir sie in diesen Fällen nicht. Außerdem kletterten sie, wenn sie uns kommen sahen, sofort und freiwillig wieder zurück in den Fußraum des Beifahrersitzes. Es schien so, als hätten sie verstanden, dass der Aufenthalt auf dem Chefsessel stets einer engen zeitlichen Begrenzung unterlag.

22

Warum ich eigentlich nicht mehr ohne Hunde leben will

Früher hielt ich Hundehalter für ziemlich merkwürdige Typen. Sie machten Dinge, die ich nicht verstand. Zum Beispiel redeten sie mit ihrem Tier wie mit einem Freund. Sie nahmen den Hund überall mit hin wie einen Partner, und manche schienen sich ohne ihn nicht einmal mehr vollwertig zu fühlen. Wieder andere sagten, ihre Hunde seien bessere Gefährten als Menschen, oder lobten den antrainierten Gehorsam ihrer Tiere.

Auch zu Hunden hatte ich keinen Bezug. Ganz unabhängig davon, wie sie aussahen, sich bewegten oder benahmen – sie übten keinerlei Reiz auf mich aus. Hunde erlebte ich oft als Marionetten ihrer Eigentümer. Sie waren über Leinen aus Leder und Befehlen mit ihnen verbunden und durften sich nur gerade so viel bewegen und benehmen, wie es ihre Spieler zuließen.

Im Laufe meiner eigenen „Hunde-Jahre" habe ich neue Erfahrungen gemacht, und meine Einstellung hat sich geändert. Das völlig Andere und Fremde des Hundes und seine gleichzeitige Vertrautheit und Nähe haben meine Neugier geweckt. Ich glaube heute, dass uns ein Hund ein kleines Fenster öffnet, durch das wir in eine Welt schauen können, die uns sonst verborgen bliebe.

Unser erster Hund, der Beagle Tamara, war in seiner konsequenten Selbstbestimmtheit eigenartig und einzigartig zugleich. Tamara war schneller als wir, wenn sie zu einem Ausflug aufbrechen wollte, und glaubte, wir wollten sie daran hindern. Sie kehrte auch nicht um, wenn wir sie zurückriefen. Sie versuchte in vielerlei Hinsicht, ihren Willen durchzusetzen, und oft konnten wir ihrem freundlichen Drängen nicht widerstehen. Und sie hat uns mit dem Wesen eines Hundes vertraut gemacht. Das hat unsere Hochachtung verdient. Tamara war völlig aggressionsfrei, ließ sich von jedem berühren, streicheln und füttern. Sie hatte einen sicheren Instinkt und war ein hübscher Hund – am Ende vielleicht nur ein bisschen zu dick. In ihren letzten Monaten gehörte sie zu unserer Familie wie eine Großmutter, die nach vielen Lebensjahren und mit vielen Erfahrungen von morgens bis abends in der Stube sitzt und einfach nur noch da ist.

Lena machte uns zusätzliche, neue Einblicke in die andere Welt möglich. Nur durch beide Hunde konnten wir auch die Interaktionen der Tiere erleben. Etwa die lebenslange Verbindung zwischen der Hundemutter und ihrem Kind, ihre gelegentliche Konkurrenz, wenn es ums Futter oder eine Extraportion tierischer Kauartikel ging, die Selbstverständlichkeit, mit der sich Lena mehr an Tamara als an uns orientierte, und schließlich auch die spürbare Trauer nach dem Verlust der Mutter. Für uns waren und sind das alles Erlebnisse, die nur mit zwei Hunden möglich sind. Sie haben uns staunen lassen.

Mit dem Pudel kam schließlich noch eine neue Art Hund in unser Leben. Wieder gab es Faszinierendes zu beobachten und zu erleben. Mia öffnete mit ihrer Verspieltheit und Bewegungsfreude ein weiteres Fenster zur fremden Welt. In vielerlei Hinsicht war sie wie ein Kind mit fünf oder sechs Jahren, das einen immer wieder fordert, herausfordert und manchmal auch etwas überfordert. Sie steckte und steckt uns täglich mit ihrer verspielten Lebenslust an, und wir freuen uns, wenn sie im Spiel eine Regel erkennt und versteht. Mehr als die Beagles ist sie in der Lage, unsere Sprache zu verstehen. Es wäre schade gewesen, diese Erfahrungen nicht machen zu können.

Alle unsere Hunde haben dazu beigetragen, dass wir auf neue Menschen zugegangen sind und bleibende Freunde unter den Hundebesitzern gefunden haben. Vielleicht auch deshalb, weil man mit den Hunden eine großartige gemeinsame Erfahrung teilt.

Was können wir von Hunden lernen oder von ihnen mitnehmen? Diese Frage am Ende eines Buches über Hunde ist nicht unbedingt erforderlich. Ich möchte trotzdem etwas dazu sagen, denn vor allem eine Überlegung beschäftigt mich immer wieder: Als Menschen verbringen wir viel Zeit mit Gedanken an Vergangenes und Zukünftiges. Wir machen Pläne für den nächsten Urlaub, erfolgversprechende Anlagestrategien oder die Ausbildung der Kinder. Aber: Wir haben auch Zukunftsängste, die sich uns immer wieder aufdrängen und die sich nicht so einfach abschütteln lassen. Wir sorgen uns vor Kriegen, vor der Klimakrise und einer Welt, in der Überwachung und Unterdrückung zur Normalität werden. Wir befürchten neue Pandemien, das Zusammenbrechen von Demokratie und Rechtsstaat, unheilbare Krankheiten oder Arbeitslosigkeit. Wir haben Angst vor Abhängigkeit, vor dem Alleinsein und vor dem Tod. Kurzum: Wir verbringen einen nicht unerheblichen Teil unseres Lebens mit Sorgen und

Befürchtungen. Es ist eigentlich kein Wunder, dass Menschen immer wieder daran zerbrechen.

Kleine Kinder und Hunde machen sich diese Gedanken nicht. Ein Hund zeigt uns, dass sein Denken, seine Wahrnehmung und sein Fühlen vor allem auf das ausgerichtet ist, was in diesem Augenblick passiert. Er lebt, erlebt und spürt im Hier und Jetzt. Das tut er mit einer unglaublichen Intensität. Was also können wir von ihm lernen?

Ich habe erfahren, dass mein Leben reicher und sorgenfreier ist, wenn ich mich, wie der Hund, öfter und intensiver dem Augenblick öffne und in ihm versinke. Wenn ich alle Gedanken an Gestern und Morgen für eine Weile ruhen lasse und zum Beispiel eine intensive Zeit mit dem Hund verbringe. Wenn ich mit ihm kommuniziere, mich an seiner Lebensfreude und seinen schnellen Reaktionen freue. Wenn wir gemeinsam im Garten spielen oder durch eine schöne Umgebung mit ihm laufen. Wenn er mich anschaut oder ich ihn unbemerkt beobachten kann.

Neben Kunst, Musik, Literatur und guten Gesprächen mit Menschen übt auch die Beschäftigung mit unserem Hund eine positive, ja heilende Kraft auf mich aus, die ich nicht erwartet habe.

Bei aller Bewunderung und Liebe darf ich die Beziehung zu meinem Hund nicht vermenschlichen. Damit täte ich ihm unrecht und würde mir selbst etwas vormachen. Die oft zitierte Treue eines Hundes zum Beispiel ist keine Treue im menschlichen Sinne. Treue ist eine freiwillige und bewusste Anstrengung, die differenziertes Denken über Raum, Zeit, Ursachen und Wirkungen voraussetzt. Was man dem Hund als Treue zuschreibt, ist etwas ganz anderes. Weil er vollkommen abhängig ist von uns, kann er nicht anders, als bei uns zu bleiben. Sogar dann, wenn wir nicht gut zu ihm sind. Es ist also genau das Gegenteil von Treue: eine hundertprozentige Unfreiheit, mit der wir sorgsam umgehen müssen und die wir nicht gegen den Hund einsetzen dürfen, weil wir die Verantwortung für ihn übernommen haben. Ist es nicht völlig ausreichend und befriedigend, dass wir trotz aller Verschiedenheit so gut miteinander auskommen?

Aber lassen wir das. Solche Gedanken über Hunde kann man sich machen oder auch nicht. Viel wichtiger ist es mir festzustellen, dass unsere Hunde zu einem Teil meines Lebens geworden sind. So viel steht fest. Punkt.